【英】安娜·辛普森（ANNA SIMPSON）◎ 著

翁舒颖 戴 婕 ◎ 译

THE INNOVATION-FRIENDLY ORGANIZATION

创新友好型组织

[如何培育新想法，并应对其带来的改变]

HOW TO CULTIVATE NEW IDEAS
AND EMBRACE THE CHANGE THEY BRING

中国金融出版社

责任编辑：石　坚
责任校对：孙　蕊
责任印制：程　颖

First published in English by Palgrave Macmillan, a division of Macmillan Publishers Limited under the title The Innovation-Friendly Organization：How to Cultivate New Ideas and Embrace the Change They Bring by Anna Simpson. This edition has been translated and published under license from Palgrave Macmillan. The author has asserted his right to be identified as the author of this Work.
Copyright ⓒ Anna Simpson 2017
北京版权合同登记图字 01－2018－1441
《创新友好型组织：如何培育新想法，并应对其带来的改变》一书中文简体字版专有出版权属中国金融出版社所有。

图书在版编目（CIP）数据

创新友好型组织：如何培育新想法，并应对其带来的改变/（英）安娜·辛普森（Anna Simpson）著；翁舒颖等译. —北京：中国金融出版社，2019.5
书名原文：The Innovation-Friendly Organization：How to cultivate new ideas and embrace the change they bring
ISBN 978－7－5049－9985－6

Ⅰ.①创…　Ⅱ.①安…　②翁…　Ⅲ.①企业管理—组织管理学
Ⅳ.①F272.9

中国版本图书馆 CIP 数据核字（2019）第 030303 号

创新友好型组织：如何培育新想法，并应对其带来的改变
Chuangxin Youhaoxing Zuzhi：Ruhe Peiyu Xinxiangfa bing Yingdui qi Dailai de Gaibian

出版
发行　中国金融出版社

社址　北京市丰台区益泽路 2 号
市场开发部　（010）63266347，63805472，63439533（传真）
网上书店　http：//www.chinafph.com
　　　　　　（010）63286832，63365686（传真）
读者服务部　（010）66070833，62568380
邮编　100071
经销　新华书店
印刷　北京市松源印刷有限公司
尺寸　148 毫米×210 毫米
印张　6.75
字数　148 千
版次　2019 年 5 月第 1 版
印次　2019 年 5 月第 1 次印刷
定价　58.00 元
ISBN 978－7－5049－9985－6
如出现印装错误本社负责调换　联系电话(010)63263947

致亲爱的父亲和母亲，
感谢你们对思想的热爱和你们的与众不同。

致　谢

Acknowledgements

这本书的创作源于许多交谈和对话，我从中收获了很多快乐，并踏上了一段学习和忘却的丰富旅程。

我要特别感谢 Madhumitha Ardhanari, Kris Balderston,David Bent, Gregory Bernarda, Saverio Bianchi, Anna Birney, Jack Butler, Shoba Chandran, Charlene Collison, Philippe Coullomb, Ashlee Christoffersen, Cheryl Chung, Jarryd Daymond, Stephanie Draper, Scilla Elworthy, Gwyneth Fries, Trishal Ghelani, James Goodman, Honor Harger, Toby Iles, Duncan Jefferies, Kay Chew Lin, Kia Jie Hui, Hugh Knowles, Zohar Lavie, Jeremy Mathieu, Mark Moore, Ariel Muller, Andrea Nanetti, Ng Dorothy, Ania Ostrowska, Stephen Partridge, Colin Payne, Claire Powell, Pradip Saha, Suzanne Stein, Tong Yee, Wong Jia Liang 和 Nikki Wright。

对于家人和朋友的鼓励、关注和支持，我表示诚挚的爱和感谢。

目　录

Contents

1

引言：想法滋长于文化

"一个新的想法是脆弱的"，Ovid 曾说过，"它可能被一声耻笑或一个哈欠所扼杀。"[1]

这样的事已是司空见惯，也不会有人为这种扼杀想法的表现感到抱歉。

然而，正如一个想法可能在逆境中被抹杀，我们也需要创造一些特定的条件来开发思维。创新——就是运用不同的方式来改变生活——这取决于可以滋生想法、传递想法、碰撞想法并最终革新想法的文化。那么，我们要如何营造有利于创新的环境？需要哪些方法呢？

本书探讨了促进新想法产生和发展的五个文化特性，以及重视创新的组织是如何接受这些新的想法。不过首先，让我来解释一下我所

1.Widely attributed to Publius Ovidius Naso (43 BC—AD 17) http://www.billionquotes.com/index.php/Ovid [Accessed 27 April 2016].

指的"文化"的定义。

为什么要聚焦于文化?

文化是生长之本:这个词的起源与栽培土地有关。当我们形容人"有学养",并不是指他们已经被养育长大,而是对他们在思维和谈吐方面的成长和机敏表示认可。

文化描述了我们的行为和表达方式,以及习俗和语言,这得以让周围的人理解我们的个体行为。无论是对其开拓或是荒废,一个有学养的人就是已经掌握了这些习俗和语言的人。

然而,我们对文化这个词的使用仍然与它的根源"生长"联系在一起:我们是社会生物,我们自身的健康发展取决于我们与周围人的联系,以及滋养我们的环境资源。

同理,想法也是社会生物。

著名的创新理论学家 Steven Johnson 将想法描述为群体而非单体行为:

一个想法——一个新的想法——是一个新的神经元网络,由大脑内部的神经元与其他神经元同步放电形成。[1]

并且,他认为这种群体行为并不像人们常认为的那样,如按下电灯开关一般就能瞬间发生。相反,它们具有 Johnson 所说的"长半衰期"。

这种"想法的半衰期"不仅与社群化有关,它还包括用于反射和孵化的时间。但鉴于想法属于社会生物,这样的"暂停"更像一次集

1.Johnson, S. (2010), 'Where good ideas come from' [Filmed talk] https://www.ted.com/talks/steven_johnson_where_good_ideas_come_from?language=en [Accessed 27 April 2016].

体静养，而非销声匿迹的隐居。

新文化运动的出现，不仅只是依靠开创新事物的人，还需要其他人看到、接受、玩转并共享这些新事物。互联网，尤其是社交媒体的兴起，让我们得以观察到想法的传播，并帮助我们跨越文化和地理的边界。那么，何种类型的文化能够让新想法以这种方式传播并发展为文化运动呢？我们又为何要如此费心于想法的社群生态呢？

以适应力为目标

关于创新的商业案例已是有目共睹：一系列快速的全球变革——技术进步、超链接、全民创新（从共享到创造）、资源挑战和地缘政治的不稳定——让敢死队式的战略成为日常的商务模式。

在经历了数十年的稳步增长后，主要领域的任职者开始走下坡路。因此，越来越多的领导者意识到需要早于其他人在自己的商业领域推出同类新产品，化解竞争，为他们的顾客提供更广泛、更新鲜的产品和服务选择。

随之改变的还有商业期望。他们不仅要向股东们交代，政府和公民也期望他们可以应对全球化挑战，但光靠利润是无法满足要求的。譬如，联合国在 2015 年正式通过的"联合国可持续发展目标"，用于推动接下来 15 年内，在气候变化、卫生、贫困和一系列其他问题上的全球联合行动。

需要创新的不仅仅是商业。面临气候灾害、资源短缺、生物多样性缺失和大规模迁移，所有群体和行业必须学会顺应和发展新的弹性机制。如果我们的目标不只是勉强过活，而是要建立健康、有弹性的可持续发展社会，我们乐于成为其中的一分子，也必须要重新思考一切。

这就意味着我们在实践中需要开发新的运转方式，让我们在快速变化的时期保有适应力。我们也要能够顺应变化，找到对当下环境新的解读方式。我们还要能够创造性地去想象这个世界，想办法实现生活的更新换代。我们需要播种许多不同的种子，并接受只有一部分存活下来的事实。

同样重要的是，我们要认识到创新是发生在多个层面的，从产品设计到商业模型再到整个系统的转变。这些是无法轻易分离的。想想一些看似无关紧要的事物，例如标签的使用，却可以改变想法在整个世界的传播方式。第一个给词汇加标签的人是否察觉到这具有推动品牌运动和全民变革的潜力？可能没有。但这就是我们的现状。

标签的热潮证明了好的想法、行为、工具和应用总是会被人们化为己有并重新利用。"为什么创新？"是为了销售更多的东西？还是为了解决问题？又或者是塑造我们想要的未来？我们如何应对这个问题，也决定了创新将会为我们带来何种影响。

在良好的意愿之外

如今，许多领导者意识到创新的使命，并且交由他们的员工执行，但要识别出有效改变的机会并且在一个组织内贯彻实行，依然是一个挑战。

有些政策鼓励员工花时间去探索新想法，例如谷歌规定，员工

20% 的工作时间必须用于蓝图设想和试验。有些人见识过员工被迫在眉睫的压力所击垮，他们对这样的政策只会耸耸肩不予理会。

谷歌前雇员 Ben Maurer 给出三个理由，证明这项 20% 政策实属无效。首先，批准的数量包含所有新的开发。其次，维系这项政策预估还要占用另外 20% 的工作时间。最后，也应该是最有力的一点，创新实际上并不在绩效评估中被认可。[1]

这家电子巨头的人力资源主管 Laszlo Bock 在为谷歌的辩解中说道，"想法……比现实更重要。"意指只要大家能感受到创新的积极性，他们所处的环境架构是毫不相干的。对我而言，这也基本等同于说，"只要人们在听，无所谓有没有播放音乐。"或是"只要诗有寓意，无所谓有没有使用词汇。" 文化或许难以被精准定位，但也不是凭空想象出来的。进行文化转向，你需要建立支撑的架构。

每个组织都有一种文化，它包含了某些价值观，期望和设想，无论是被广泛认同的，或是被有意打造的，或是其他情况。我们目前对建立组织的经验和预期，很大部分来自第一次世界大战后出现的组织模式，难点就在于这样的模式没有创新的能力。相反，它的目的是促进复制能力，从生产开始，延伸至销售到分销等所有环节。组织的目标是效率和质量，并不断繁衍这一种成功模式——例如增加跨国合作和运营规模。

许多品牌的声誉甚至经营许可都取决于这方面的胜任能力。1986

---

1. 'How does Google's Google Innovation Time Off (20% time) policy work in practice?' [Discussionforum] https://www.quora.com/How-does-Google%E2%80%99s-Google-Innovation-Time-Off-20-time-policy-work-in-practice [Accessed 27 April 2016].

年，摩托罗拉的一位工程师开发了六西格玛质量保证体系，如今被众多行业采用，他们的目标是通过减少所有生产要素中的变量，将产品出现缺陷的可能性降到最低。"一个六西格玛流程"被定义为"生产合格产品的概率达 99.99966%，从统计学角度来看便是趋近于零缺陷（在 100 万次机会中只有 3.4 次出现缺陷）"，但是这个缺陷率只达到 4.5 西格玛水平。有些人使用西格玛等级来判断一个制造流程的成熟度，标准就是制造出无缺陷产品的百分比。[1]

人们开发严密的系统来维持适当的标准，例如压力测试，就是让样品通过严格的高温、湿度和振动测试。除了生产之外，质量保证也促使组织反思其文化。20 世纪 80 年代，人们还创建其他的措施来确保整个公司的运行质量，从绩效管理到专业资格再到团队精神。拥有个人特质，如正直和积极向上的员工会受到奖励，因为他们对于维持标准的文化是一种支持。

在这样的组织中，创新是一把扳手。

Eric Garland，Competitive Futures 公司的执行董事，评论道："现实情况是，内部政治无助于创造颠覆性的新想法，更不用说实施了……组织很难容忍一个内部人员毫无根据地提出激进的新想法。"

正如颠覆性的想法会对质量保证构成威胁，过度强调效率也是"创新的敌人"，未来论坛的创意主管 Hugh Knowles 认为："如果你想尽可能高效地完成每件事，那几乎确保了你永远不会做出任何创新。"

组织既能保持质量标准，又能做原创的事情，有些人已经放弃了这两者可以兼得的想法。相反，他们希望通过多样化经营——收购系

1.https://en.wikipedia.org/wiki/Six_Sigma.

统内的创业公司，来为新的商业模式搭建桥梁。

谷歌前雇员 Ben Maurer 就是其中之一。他说，如果你想创新，你最好的选择：成为足够资深的主要项目经理或技术负责人；加入一个你可以快速启动项目的小公司；或者创建自己的公司。然而，事情还有另外一面。

创新的社群生态

创新需要组织。为什么？不是为了产生新的想法：组织，与我们一样，在工作之外也有社交生活。但如果一个新想法是为了制造重大的改变——经历从思考到试验到应用再到形成规模的过程——那么加速该过程的责任就要落在组织身上。

所谓"组织"，我指的是拥有共同目标，并投身于实现目标的群体。它们可能受到法律的认证，但这不是必需的：现今一些实力强大的团体并没有法律认证，没有正式品牌，没有中央管理体系，包括许多政治和宗教组织。它们拥有的是强烈和共同的使命感。

这就是创新顾问 Clay Parker Jones 对组织的定义：

对我而言，组织是一种经济手段，是要求众人努力实现共同目标的理念体现。组织的界限由其目标所决定……执行或运用组织工作的人贡献出时间、精力和／或资金，并借此推动组织的发展。最后，组织与组织成员的关系，以及组织部门间的关系，形成组织架构。[1]

问题在于：一个拥有明确共同目标的组织，是否能同时接受新想法和创新呢？

我相信可以，但这取决于组织内的人是否意识到他们想要达成的目标和最佳实现手段之间的区别：方法和目的。

这听起来很简单，但我们却经常将两者混淆。例如，我们倾向于招募和自己同类的人——这就是将职业承诺和个人特征混为一谈。我们忠于职守，也希望找到同样甘于奉献的人；我们审视自己的信念和个性，寻找与之相契合的人，而对于一些不一定拥有相同观点和特质的人，我们可能觉得没有价值，也不接受他们。这便限制了组织的全局观。

同样，正如我们将自己圈在志同道合的群体中，我们也止步于自认为有前景的想法上。然而保护想法的行为实际上会扼杀其前景：它可能会在组织内部引起一些变化，但不太可能会带来社会变革。同样，这是弄混了方法——一个变革型的想法——最终目的：变革本身。一些有远见的组织已经意识到了这一点——比如特斯拉，它们对公众开放专利的做法受到了称赞。

在提出"起初我为什么要做这件事？"的时候，我们便来到了另一个问题"我要怎样做才能更有效率？"——这也促使我们自由尝试新事物，对结果拭目以待。

1.Parker Jones, C. (2015). 'The legacy organizations that we designed 100 years ago are broken', https://clayparkerjones.com/the-organization-is-broken-6a5ae1046c3f#.tn7bsg5wt.[Accessed 27April 2016].

打破思想障碍

具有变革潜力的想法一击即碎，一个原因是它们来源于我们当前的参考架构和价值体系之外。它们破坏了稳定性，便会引发恐惧。

为了实现变革，你需要打破让你安于现状的束缚，从最基本的设想开始——事物形成的根本原因——以及支持和维持它们的体系。

有些想法挑战了我们理解和看待世界的核心设想。Max Planck 曾戏谑道，"科学越进步，人类离坟墓越近"，意指 Giordano Bruno 等人——他们因为坚持地球是圆的而被绑在木桩上烧死。

Stephen Hawking 创作《时间简史》是源于一段轶事。一位老妇人听到一位科学家（可能是 Bertrand Russell）解释说地球是绕着太阳转的，即愤怒回应道："世界真的就是一个平板，支撑在一只巨型乌龟的背上"（读过 Terry Pratchett《碟形世界》系列的人会很熟悉这个画面）。Hawking 用这个看似荒谬的信念来挑战读者：为什么我们认为自己知道得更多？他继续发问——在 20 世纪以前——为什么没有人设想宇宙会膨胀或收缩：

> 人们普遍认为，宇宙或是以一种不变的状态永久存在，或是如我们今天所看到的样子，或多或少被创生于有限的过去。一部分原因可能是人们倾向于相信永恒的真理，虽然人会生老病死，但宇宙是恒久不变的，这样想就能给人以慰藉。[1]

Hawking 表示，我们倾向于维护基于信仰而非科学的体系，这已是过去式。然而，未经检验的意识形态依然构成我们经济和政治制度

1.Hawking, S. (1996) *A Brief History of Time*, New York: Bantam Books, p.6.

的基底。

　　Thomas Piketty 最近揭露了一个资本主义核心学说的漏洞，引发震动：个人财富的积累是增进民生福祉的一种方法。[1] 他并不是第一个对这个观点提出质疑的人，但在主流经济学家的话语体系内这么做，让他的著作受到了广泛关注和一致好评。新经济基金会的 Tim Jackson 也表示，他在 2009 年的著作《没有增长的繁荣》中提出，幸福增长的轨迹，比如健康和教育的改善，在一个社会度过超越贫困的最初阶段之后，就与国内生产总值背道而驰了。[2] 早在 1972 年，罗马俱乐部就提出，受制于地球的有限资源，这种无限增长是不可能的。[3]

　　然而，将增长视为通往幸福之路的信念在很大程度上仍未动摇，今天，我们赖以生存的生态系统正处于崩溃的边缘。在我看来，我们当前的经济体系无视我们对一个健康星球的依赖，无异于早先拒绝承认太阳系不是围绕地球转的。换句话说，利己主义阻碍了全局观。

　　组织想要通过新的模式重整自己的领域，就需要一些人才，可以越过当下的谬见和思维模式的壁垒看待事情，组织甚至会出去寻找这样的人。但如何去识别这些人？他们的声音是否真的能被听到？

1.Piketty, T. (2014) *Capital in the Twenty-First Century*, Cambridge, MA: Harvard University Press.

2.Jackson, T. (2009) *Prosperity Without Growth: Economics for a Finite Planet*, London: Earthscan.

3.Meadows, D.et al. (1972) *Limits to Growth*, New York: Universe Books.

宗教的经验

何种组织可以借鉴宗教团体中思维模式变迁的例子，这个问题值得玩味。它们当然不是以创新闻名，但正是这一点让其成为有效的对比，因为在我们试图改变长期坚持的信念时，它们可以帮助我们思考企业可能会面临的一些障碍。

宗教也是通过某种"黏合剂"维系在一起，类似于今日正在崛起的新型网络化组织。我们可以把上文 Clay Parker Jones 对组织的定义与 Jared Diamond 在《昨日之前的世界》一书中对宗教的定义进行对比。

一个信仰和实践的体系，以社会的"终极关怀"为导向。（*William Vogt*）

具有相同身份认同的人进行社会运动，他们共同拥有根深蒂固的信念。（Jared Diamond）[1]

譬如，思考教皇方济各对天主教堂所进行的变革。作为第一个耶稣会的教皇，他是自 741 年叙利亚人格里高利三世以来，第一个来自美洲，第一个来自南半球，第一个不是欧洲人的教皇。他一直在推动对高敏感问题的讨论，比如教会对离婚的立场，承认巴勒斯坦为一个国家，以及应对气候变化的行动。[2] 此外，他还呼吁建立一个更加离散化的教会，给予主教更大的自主权，进一步为变革铺路。

1.Diamond, J. (2012) *The World Until Yesterday: What Can We Learn From Traditional Societies?*London: Penguin, Table 9.1.

2.Pope Francis [Wikipedia] https://en.wikipedia.org/wiki/Pope_Francis [Accessed 27 April 2016].

这些行动遭到了强烈的反对：一位电台主持人把教皇方济各称作"世界的危险人物""大骗子"和"生态狼"。[1] 这些激烈的攻击就是用来提醒我们，新想法会给现状带来风险，所以经常遭遇阻力。

这就把我们带回到目的——组织团体所规定的共同目标——与方法是否能达成其目标的区别。这种风险与信念本身并无太大联系，而是与基于它们建立的社会体制有关。例如，抵制对气候变化所采取的行动，可能更多地与它对就业和投资的短期影响有关，而不是因为对信仰体系的威胁；而对离婚的新立场可能会被视为剥夺婚姻特权和地位。换句话说，我们为了支持事业而建立的架构变成了我们的沉没资本；我们对其投资，也被其奴役。

这种对个人直接损失的恐惧是可以理解的，但是，身处在一个更加开阔的社会——共担资产和风险，或拥有共同目标的组织网络里，这种恐惧也会阻碍我们去辨识所要获得的长期利益。事实上，改变所带来的结果容易让人害怕，却难以预测，这往往会拖我们的后腿。能把已知的舒适抛到身后，去追求未知和未经检验的事物，就需要在信仰上有一个飞跃。

挺身而出，悉心探索

我是在参加一个表彰活动之后，受到启发写了这本书，活动上的

1.Bresnahan, S. (2015) 'Why do so many conservatives oppose Pope Francis?' [Article] http://www.patheos.com/blogs/unfundamentalistchristians/2015/09/why-do-so-many-conservativesoppose-pope-francis/.

人们有着强烈的动机去探讨一个根本性问题："事物一定要保持原样吗？"这并不是因为他们认为自己是创新者。而是因为他们是外来移民：来自体系之外的人，他们要努力地融入才能继续前行。

该活动的名称是"妇女运动奖"，于庆祝国际妇女节期间在伦敦南岸中心举办。该奖项设立于 2012 年，用于表彰对英国社会有领导和贡献作用的移民和难民妇女，我在 2014 年参加该活动时，场内活力四射，气氛远超于我见过的任何一家公司的颁奖活动。

获奖者之一是一位 27 岁的拉丁美洲女性，名叫 Tatiana Garavito。她 18 岁来到伦敦，目睹了她的群体所面临的困难：

超过 20 万的拉丁美洲人生活在伦敦，尽管他们拥有娴熟的技能，却只能在清洁和餐饮行业从事低薪工作。他们通常每天工作 15-16 个小时；40% 的人收入在最低工资以下；酒店公司根据他们打扫的房间数量来支付薪酬，而不是根据员工的工作时间，每个小时只支付 2 英镑。他们与其他家庭共用宿舍，通常不会享用可以提供支持的服务。

21 岁时，她开始在美洲印第安难民移民组织做志愿者，后来成为拉美妇女权利服务组织（LAWRS）的负责人，该组织和英国的拉丁美洲女性合作，帮助她们实现自我转变，远离被欺凌的生活。

这正是改变的关键所在：培养能够推翻家庭和体制暴力高墙的信心；设计自下向上的战略，逐步改变积重难返的体制；提倡在更高的政治层面进行变革，让非利益相关者或者未被法律保护的群体可以受益——当然，还有那些公认的有贡献价值的人。

对于社会寻求改变这件事，这位女士的热情和决心让我醍醐灌顶。虽然在主流社会承认多样性、接纳边缘化人群的观点之前，我们还有很长的路要走，但是作为一种精神财富——尤其是对创新——我在活动当晚的领悟和探索的欲望开启了这本书的创作。

改变成功的概率

　　然而，我在这本书中提出的问题，并不是探讨个人如何像 Tatiana Garavito 那样，在机会渺小的情况下获得如此多的成就，而是组织要怎样改变成功的概率。它们如何挖掘和支撑全新的观点和巨大的能量，并借此来催化变革？ Debra Meyerson 的佳作《温和激进派》，记录了人们对改变的需求有着与 Garavito 不相上下的热情和认识，但他们都希望既能"在自己的组织中取得成功"，又能"以他们的价值观和身份认同来生活，即使这与他们组织的主流文化不一致"。[1]

　　Meyerson 通过许多研究案例表明，对于公开或者被预设为抵制变化的组织，坚定的人是如何潜移默化地影响事情的变化。一种策略是小型的胜利，但这可能需要耗费数年——甚至是几代人——以此产生变革性的影响。另一种策略是牺牲个人利益：在一个案例研究中，Joanie 为了进入产品开发部门，付出的代价就是外界所认为的降职，但她对产品线上的互惠贸易产品却有了更大的影响力。这意味着她不用再向首席执行官汇报工作——即使在公司生产中发现可以促成重大变革的机会，想要带头的人可能也会因为职位的丧失而打消念头。

　　像这样的创新者，组织要采取什么措施去鼓励他们而不是制止他

1.Meyerson, D. (2001), *Tempered Radicals: How People Use Difference to Inspire Change at Work*.Boston: Harvard Business School Press, p.xi.

们？而时间宝贵，又要如何支持大家表达先进的想法，坚定自己的抱负，并拥有自信呢？

有利于变化的环境

在 Meyerson 发表其作品后的 15 年里，回答这些问题的背景已经发生改变。多亏了知识经济与开源共享的出现，千禧年早期的温和激进分子有更多的机会去执行他们的计划，包括通过社会企业、公民创新活动和创客运动。我们组织的方式也在改变，随着数字机遇网络的发展，人们可以识别合作者，并跨越地域、技能和部门创建项目。

传统的等级制度与这个网络化的世界格格不入，正如 Clay Parker Jones 所形容的：

我们等级分明的树形组织结构缺乏连通性，是无用的……不管我们相信与否，我们的组织内部和外部都是网络化的，组织的层次化无法捕获到公共、私人、部门、科系、功能、领导和团队之间丰富的相互作用。[1]

人们也以不同的方式表达自己。由"朋友"和共同兴趣小组构成的网络范围广泛、具有共鸣，这意味着只要连接网络，任何人都能进入他们可以分享观点的空间——无须等待官方或公开的邀请。我们对此习以为常，却忘记在社交媒体出现之前，这样的机会是多么稀有。

看到我们观点的人越来越多，组织的团结也越来越重要，而暴露

1.Parker Jones, C. (2015).

矛盾的概率也随之增长。对于一些难以控制的组织来说，这可能是一个陷阱，但也是一个创新的大好机会。社会与专业网络鼓励甚至迫使人们超越组织已知的界限——把自己的价值观置于专业角色之上。他们更愿意发表批判性观点，讨论他们觉得不自在的事情，并寻找新的途径，而数字网络成为他们的舞台和灵感。

组织需要兼有共享式的文化和多样化的视角，来培养新的想法，支持它们的发展——通过丰富的社群生态——最后化为行动、试验和标准。

多样性：一股隐藏的力量

正如我之前说过的，在大众把想法的多样性理解为一种社会力量之前，我们还有很长的路要走。我们的适应力——我在上文所提到的应对压力的适应能力，不是依靠我们所有人都拥有共同的信仰，而是我们愿意以多样化的视角去分享和学习。如果我们多角度地看待事情，我们就更加接近"真相"，而不是固执地认为合理的观点只有一种。没有一种看法是完全正确的，对于未来的可持续发展，我们必须多管齐下，而非墨守成规。

解决方法能否获得持久的成功取决于许多因素。技术的运用不仅仅只是"执行"；人们必须接受它们，认可它们的成效，推广它们的实际用途。所有的创新都必须具有经济意义——即使这意味着要改变我们评价事物的方法。

在一定情况下，有意义的事情都属于持续的改变。复杂性理论可以帮助我们了解组织必须适应的全球环境；最主要的是，在我们生活的世界里，你无法将一个变化添加到另一个变化中，并预测其结果。相反，我们生活在"复杂适应性系统"（CAS）中，变化的主体不是静态的，而是会对环境中的其他变化做出反应。这就表示任何一个改变都会导致多种结果，这种现象被称为"涌现现象"。正如 CAS 的领先学者 John Holland 所解释的：

> 如何解决 21 世纪的一些关键问题——增强免疫系统，建立可持续发展的生态系统，发展有序的全球贸易，治疗精神疾病，鼓励创新等——取决于对 CAS 中适应性主体之间的相互作用是否有深层的理解。
>
> CAS 的适应性主体通常不会直接聚集形成一个"最优"策略，或达到平衡，甚至在短时间内也不会。当主体相互适应时，新主体就会带着新的策略涌现……[1]

组织如何才能跟上这种不断变化的环境？它们如何适应不断变动的现状？

我们将要探究的一种方法是模拟世界各地未来学家的行为，他们汇集自己的观点来观察变化；对于这些变化可能导致的不同情况，他们共享各自的看法，形成理解。在这个过程中，他们发现并分享"改变的信号"：一些以前看不到的小事件（例如新的技术、运用或政策的诞生），从而走向截然不同的未来。

如果事物在一定程度上只是继续保持现状，当改变的信号出现时，就是要求我们去思考那些让我们脱离变革轨道的成果和运用：相同的

1.Holland, J. (2014), *Complexity: A Very Short Introduction*.Oxford: Oxford University Press, p.9.

发展趋势（比如人口增长或水短缺）变得更加夸张，相同的技术（如智能设备或自动驾驶汽车）找到更多的运用。因为显然，其他的改变也会出现，并扰乱我们正在变革的步伐。例如，假设你在乳品业，从动物饲养到冷藏链的所有环节都紧跟消费趋势和创新。新西兰的一个团队把海藻提炼成土壤肥料，这则消息并没有得到你的关注。几年后，海藻催化肥沃的土壤，带来杏仁的大丰收，人们对牛奶替代品的兴趣也随之增长，你也流失了相当大的市场份额。

对事物赋予新的想象

通过创新去打造一个完全不同的未来，这对我们的想象力是一种考验。

虽然说每个人都拥有想象力，有些人的程度更高，我们也可以超越事物原本的模样，去增强想象的能力。一种方法是以新的立场考虑事情，首先从换位思考开始。但是想象也可以是一种集体行为：我们通过接纳不同的观点来拓宽视野——我们可以看得多远，又能走到多远。我们面临的艰巨任务就是要接受这些新的信息，改变既定行程，并向前方新的道路启程。

有一个即兴剧场练习叫作"是的，还有……"第一名选手做了积极的陈述，第二名选手只能在其基础上展开：他们必须以组成游戏名字的四个字作为开头进行回应，而不能对积极的陈述置之不理。

我为什么要提到这个？因为高效的组织擅长说"不"，把注意力紧密集中在合适的计划上。但是新想法需要一套说"是"的文化——

适合"听"的文化。

重申一下，如果我们想要不同的想法，我们需要不同的视角。你可能不喜欢它们，甚至一开始就没办法听进去。但如果你想要建立创新型文化，你必须把新想法带进组织里。

这就是本书开始论述的地方。组织如何驱动人们表达不同的观点？他们如何拥有广阔和多彩的视野，强化想象力？他们如何让组织愿景成为变革的有力手段？如何去接受、发现和应对不一样的看法？

接下来的章节探索了组织的五种文化特性，用于组织对创新的开发和支持。每一种特性将会帮助组织提高各方面的能力，包括发现和倾听广泛而多样的观点，创造和认识新的想法，探索它们的成果和运用，以及加速推进新的实践。它们是：

多样性
通过不同观点的交流进行革新

诚信正直
让每个人对工作全力以赴

好奇心
进行创新实验，接受盲目性和风险性

反思
以应有的关怀应对改变

纽带

创造面对终极"大锤考验"的力量！

2

五大文化特质

2.1 多样性

最近，我与一位生命系统方面的专家进行了长时间的讨论：Larry Weiss 是公司 AOBiome 的首席医疗官，该公司致力于皮肤护理治疗。我们做了一个简单的游戏，他提出一个有力的观点：

"我会说一个词，你必须想出一个画面。不用告诉我是什么，只要想象一下——但不要考虑过多。"

我点头同意。

"自然"，Larry 说道。

我开始构思。在我的脑海里出现一棵树——实际上是一张树形图，就像你在学校课本里看到的那样，树液从根部迅速积累，树叶掉落，枯叶等待幼虫的迎接。

过了一会儿，Larry 问："你想象的画面里有人吗？"[1]

不，没有。我中招了——而且轻而易举。但现在我明白了一件事：我们把自己从自然系统中抽离出来了。

这种情况已开始改变。研究人员正在探索自然"环境"中的各类因素是如何影响我们的幸福健康和行为方式——从生产力到创造力。越来越多的设计师、建筑师和工程师把自然系统视为一系列策略制定和解决方案的效仿对象。生物仿生和生物自卫都是创新的途径，一个提供刺激源，另一个提供刺激的环境。

是什么让自然界成为创新的源泉？是它无止境的更新能力——这就是创新的关键。自然系统能够调整和进化的重要条件就是多样性。

如果生态系统可以利用丰富多样的特性，便具有更强的适应力：在不同的环境下，不同的特性展现出自己的优势。这不仅仅是比赛哪种特性"最强"，或是最适应某种特定环境的特征可以胜出。系统的多样性越高，越容易适应复杂环境的挑战。人类组织不也是一样吗？

穿越虚拟之墙

我们的人类中心主义将自然系统浪漫化和异己化。我们或许尊重、研究它们，向其学习，但是我们大多忘记了自己是其中的一部分，没有自然系统，我们就失去了生活的资源和生存的方法。我们为什么会这么做？因为如果我们把自然想象成我们生活"之外"的东西，当自

1.Interview with author.

然系统并行时，我们可以在我们认知的人类领域——我们"自己的"世界，和我们认知的"环境"——我们周围的系统之间进行任意的类比。

不幸的是，当我们对自己的生活构建起虚拟围墙时，我们也将许多资源拒之门外。我们不仅掠夺我们的环境，不顾环境报复的风险（树木砍伐和土壤侵蚀招致洪水的到来），我们也看不到给予和索取的所有可能性。不仅是自然，我们对待人类也是如此。想想那些移民工人，支撑着从建筑到服务等遍布世界的各个行业。他们通常被安置在经济体系内，却被排除在社会体系之外。没有契约和权利，他们被视为威胁——纵使我们依靠于他们。

这种相互依赖说明我们并不是以某种方式生活在不同体系内，并打破了"我们"和"他们"的概念。但新来者会破坏整体的平衡："他们可能有我们不习惯去满足的需求和要求！他们可能要求得太多！有时候控制外来人口流入是非常重要的……"

如果你对系统的围墙能够划清界限，这种堡垒心态才有分量。如果这个系统——无论是一个城市，一个国家，一个组织或一个家庭——种植自己的食物，产生自己的能量，清洁自己的空气，处理和回收自己的废物，有一个自动更新和净化的水系统，如果整体而言——它是自我调节的，那么也就没有外部需求。但很少有人类系统符合这些标准（生物圈基金会已开创过封闭系统实验）。[1] 如果你的堡垒遭遇围困，将很快暴露弱点。换种说法，你可以建造围墙，但如果因此阻拦了一切，那将会是个麻烦。

1．'Odyssey in Two Biospheres' [film], The Biosphere Foundation http://biospherefoundation.org/project/odyssey-of-2-biospheres/ [Accessed 27 April 2016].

人类所需的重要资源,需要庞大的全球系统维持健康和复原能力,人类系统对此的依赖程度比以往都来得明显。如果我们对于那些我们认为存在于系统边界之外的资源视而不见,忽视其健康发展,我们只会更加脆弱,并弱化自己的适应力。例如,想想上游污染如何给几英里外的下游居民招致疾病。或者在革新方面,如何让迁徙的授粉昆虫帮助作物逐年增长。

因此,真正的适应力意味着重视整体健康而不是一刀切阻止资源的流动。确实,有关自然系统的研究告诉我们,均衡的多样性会超越个体可能贡献的特定价值,为整体增强适应力。所以招募有独到见解的人(这个项目需要一个少数派代表来增加可信度)并不会削弱适应力。

这一章节的目的是为了说明,如果组织在每个层面都能重视多样性,那么就会有更强的创新力和适应力。

人际关系的重要性

人们谈论多样性的方式正在改变。组织过去采取多元化政策,是因为它们认为这是正确的做法,或是因为它们害怕指责。组织引入配额制度,每个雇员都面临艰巨的任务,证明自己的价值远远超过让它们胜任这份工作的自身条件。

2015 年,叙利亚难民危机更加凸显多元思考的重要性。在部分国家中,政治家们强烈反对保护主义,并认为接收那些逃离故土的人将会带来好处。其中之一是加拿大。其国防部长 Harjit Saijan 在谈论加拿大接收 25000 名叙利亚难民的决定时说道:

我们同样相信这些人对加拿大会作出重要的贡献;我遇到过一对

夫妻，两人都是医生，在他们离开之前，经营过一家诊所。如果他们在叙利亚能够成功，那么我相信他们在加拿大也会有所建树。[1]

Saijan 的家人在他 5 岁时从印度来到加拿大，这表示，许多难民可以利用丰富的资源，更好地发挥他们的才能，为加拿大带来好处。

更进一步来探讨这个观点，假设加拿大不断从少数有技能和成功的新来者中受益：无论他们的才华和教育成就如何，这个国家都会获取更多不同的视角和方法。多样性的增加为它带来了更强的适应力。

然而，如果新来者找不到工作，或者无法贡献自己的智慧呢？如果他们仍然生活在社会的边缘，依靠国家或公益组织的福利和支助呢？我相信他们仍然会是加拿大的额外收获，只要他们能够构建良好关系，而不是僵持于困境中。

理解关系的重要性就是要揭示多样性的价值，让我们回到生态系统的话题上来。这个概念在 Dan Barber 的 TED 演讲"我是如何爱上一条鱼"中有生动的呈现（比起阅读我的简述，我更推荐你去观看这个演讲）。[2]

Barber 吃到美味无比的鱼，让他大快朵颐，便去养鱼场一探究竟。这个养鱼场建在原先是一个养牛场的地方，是一片干涸的湿地。对湿

1. Sengupta, K. 'Canada's 'bad—ass' defence minister Harjit Sajjan explains why his country is taking in 25,000 Syrian refugees', *Independent*, 20 Dec 2015 http://www.independent.co.uk/news/world/americas/canadas—bad—ass—minister—harjit—sajjan—explains—why—his—country—is—taking—in—25000—syrian—a6780211.html [Accessed 27 April 2016].

2. Barber, D. (2010) 'How I fell in love with a fish' [Filmed talk] https://www.ted.com/talks/dan_barber_how_i_fell_in_love_with_a_fish?language=en.

地的排水过程杀死了 90% 的鸟类。养鱼场的老板 Miguel 把排水系统倒过来，重新配置水沟系统，使水回流，从而恢复 2.7 万英亩的湿地，供鲈鱼、鲻鱼、虾和鳗鱼生长。

Barber 描述了在他的农场之旅中，Miguel 不断介绍其他生活在厚沼泽地里的生物："罕见的黑肩鸢……浮游植物和它们所需的矿物质……藻类和千奇百怪的水生植物。"

当 Barber 问他是如何成为鱼类专家时，他回答，"鱼？我对鱼一无所知。我是擅长处理关系。"他说，这就是为什么他的鱼味道这么好。

他们拐过一个弯，发现了成千上万只粉红色的火烈鸟。Barber 大吃一惊，问道："Miguel，养鱼场不是最忌讳鸟类的过度繁殖吗？"

Miguel 否认道："我们广泛种植，而不是密集种植。这是一个生态系统网络。火烈鸟吃虾。虾以浮游植物为食。所以它们吃得越饱，系统就越好。"

仅在一年的时间内，农场就拥有超过 250 个品种的 60 万只鸟，成为欧洲最重要的私有鸟类保护区之一。Miguel 解释说，因为这些鸟，农场损失了 20% 的鱼和鱼卵。虽然它们的存在对一些鱼是威胁，却有利于系统的整体健康。

人们往往优先考虑精选个体的发展，而非延伸到整个系统的健康，这个故事展示了多样性给这种思维定式所带来的挑战。这并不是说个体生物——像 Barber 情有独钟的鱼——在一个丰富多样的系统中便不甚重要。但是，比个体更重要的是相互之间的关系。

任何想要把多样性作为运行核心的组织一定要认识到，总会有一些为火烈鸟牺牲的鱼，并要学会呵护被置于一边的藻类，它们为水体释放氧气，市场价值却不被认可。

创新需要营造丰富的文化环境，我们却缺乏这样的习惯——相反，我们倾向于计算时间总量和原料成本——我们没有意识到许多生态系统元素的价值。但我们应该这样做——不仅是因为多样性带来新鲜的想法；它也提高了整个组织培养思维的能力。

想法的汇聚

多样性如何推动新想法的诞生？两个主要方法是提供和选择：提供多样化的视角、见解，以及传播和形成新想法的渠道；选择潜力股进行发展和投资。

当人们拥有不同观点时，我们似乎也会做出更好的决定。James Surowiecki 在他的著作《群体的智慧》中就有相关论述。在第一章，他分析了股票市场对挑战者号航天飞机爆炸事件的反应。造成这场悲剧的公司在股票市场中受到了惩罚，合乎情理却也显然难以解释——没有一个股民知道这家公司是罪魁祸首。

Surowiecki 认为，个体投机者的错误被相互抵消：当群体智慧以个人市场押注的形式汇聚在一起的时候，结果更倾向于是正确而非错误的。

"在大多数事情上的一般平均水准，放在决策制定上就是超常水准。"他打趣道。他解释说，这取决于"一个群体的集体判断通常包含多少信息"。他补充到，在挑战者号爆炸事件中，参与股市的人"群""几乎在集体的大脑内完整地展现出世界的全貌"。

在第二章"多样性的价值"中，Surowiecki 探讨了"差异性"对大众生成想法的能力所造成的影响，同时还包括认识并消除那些无用的想法，把注意力集中在优质的想法上。他解释说，部分原因是因为群体的意见不会（或较少）被少数特权人士的偏见所妨碍。[1]

更加引人入胜的是多样性如何促进想法的兼容。Steven Johnson（我在第一章中提到的创新理论家）认为欧洲的咖啡馆对"过去500年里思想文化的蓬勃发展和传播至关重要，也就是我们现在所说的启蒙运动"。他认为，咖啡馆正是想法汇集的地方。他称之为"夫妻床"，但并不是指这些想法在任何形式结构中都是成对出现的。他意在阐述这个空间让许多"来自不同背景、不同专业领域"的人汇聚一堂，共享奇思妙想。[2]

Johnson没有明确展示社会多样性的例子——启蒙运动的领导者在当时也没有意识到其价值。在英国和法国，女性经常被禁止出现在咖啡馆，以及其他歧视因素（财富、阶级、种族等）也将他人排除在外。

虽然Surowiecki和Johnson都坚称多样性很重要，但实际上他们考虑的是集体——以及他们观点的多样性，而不是内部人员的多样性。Surowiecki甚至以"每一个人都要保留一些私人信息，即使这只是对既定事实的多余解释"来阐明他对多样性的理解。

但我认为多样性不仅是对现有信息提出与众不同的解读。区别就如同一群旅行归来的老朋友一起分享见解，改进他们共同的理论观点，和一群来自不同背景的人会面共事，达成相互理解的理论观点。

1.Surowiecki, J. (2004) *The Wisdom of Crowds*, New York: Anchor Books, pp.10—11; 28—30.

2.Johnson, S. (2010) 'Where good ideas come from' [Filmed talk] https://www.ted. com/talks/steven_johnson_where_good_ideas_come_from?language=en.

多样性的最终目的

重视想法的组织直到最近才开始认识到多样性比排他性更有价值。许多教育机构已经对更大范围的人群敞开大门（比如对女性），然而这通常是因为公众压力，而不是因为害怕错失人才。2015 年 8 月，安永会计师事务所在招聘项目中取消将学位等级作为入职条件的规定，承认不同背景的人与拥有出色资质的人一样，能够作出相当的贡献。

安永人才管理合伙人 Maggie Stilwell 说："在安永，我们打造现代化的工作场所，挑战传统的思维和做事方式。不论背景如何，转变我们的招聘程序将会为人才开创机遇，提供更多的就职机会。"她补充说，"内部研究没有证据表明之前在高等教育方面的成就与未来胜任职位的资质有相互关系。"[1]

不到两个月后，英国德勤承诺将停止考察招聘对象的入读学校，试图确保提供的工作机会是基于"目前的潜力，而不是过去的个人情况"。[2] 目前在英国使用情景招聘系统（CRS）的公司中，德勤是最大的一个，该系统由多样化招聘专家 Rare 开发运行。

CRS 是与世界级大学、全球精英雇主经过两年合作的研究成果，致力于了解应聘者获取经验的背景环境。一名剑桥大学的地理人口统

1．'EY transforms its recruitment selection process for graduates, undergraduates and school leavers' [Press release] 3 August 2015.http://www.ey.com/UK/en/Newsroom/News—releases/15—08—03DOUBLEHYPHEN—EY—transforms—its—recruitment—selection—process—for—graduatesundergraduates—and—school—leavers [Accessed 27 April 2016].

2．'Social Mobility', Deloitte. http://www2.deloitte.com/uk/en/pages/about—deloitte—uk/articles/social—mobility.html [Accessed 27 April 2016].

计学家和一名牛津大学的数据科学专家认为该系统的发展——或许是对特权的一种默认。

近年来，追随德勤脚步的还有图书出版商企鹅兰登书屋：于 2016年 1 月宣布往后招聘的员工不再需要大学学位。人力资源总监 Neil Morrison 说，我们认为这对我们的未来尤为关键，我们需要出版吸引各地读者的优秀作品，我们需要不同背景的人提供不同的视角，需要能够真正反映当今社会的团队力量。[1]

这里有两种截然不同的论述——一种正落在宣传体系内：了解你的市场。Patrick Mutwale 是欧洲工商管理学院国际商学院的一名刚果毕业生，在回答"多样性给阶级带来什么价值？"这个问题时，他给出了示例，这篇文章发表在商学院的博客上：

> 当我申请欧洲工商管理学院时，我显然低估了多样性的力量。要想成为一名成功的领导者，一个人的思维体系需要有文化敏捷性。[2]

他随后解释说，文化敏捷性可以运用在两个方面。一个是与遵循不同管理行为的同事建立关系——例如出现下属无法反驳的情况。另一个是适应商业行为中的文化差异。为了说明第二点，他描述了中东的一个广告牌，上面张贴了三幅补水饮料广告图。从左往右看，首选映入眼帘的是躺在沙漠中的人，然后是喝饮料的人，最后是跑步的人。他解释说，问题在于，该地区的大多数人都习惯从右往左看……

1.Coughlan, S. 'Penguin scraps degree requirement', BBC, 18 January 2016.http://www.bbc.com/news/education-35343680 [Accessed 27 April 2016].

2.Mutwale, P. (2013) 'Diversity and Cultural Sensitivity' [Blog] http://blogs.insead.edu/mbaexperience/2013/04/diversity-and-cultural-sensitivity/ [Accessed 27 April 2016].

"文化敏捷性"的概念强调一个组织要通过推广多样性来实现其目标，但却忽视了多样性的增加可能会转变其目标。

同样，英国德勤首席执行官 David Sproul 也表示："为了尽可能提供最好的服务，对我们的客户形成冲击力，我们需要聘用那些以不同方式思考和创新的人，来自多种背景，为公司注入多样的观点和经验。我们非常重视这种不同。"[1]

Sproul 是在寻求转型还是更好的商机？我认为是后者——这完全只是专注于招聘结果的多元化战略。如果全新的视角能实现更大的变革，组织必须关注招聘环节之外的事情：如果没有去开拓文化的转型，去支撑多样性，新来者很快会被同质化——即使他们是因为自己的不同而受到聘用。

由于在超声波领域的专业知识受到认可，Omar Ishrak 作为"外部人士"被通用电气聘用。这是一次成功的招聘：Ishrak 实施了新的销售策略，后来，他成了一家市值 120 亿美元的专业事务部董事长兼首席执行官。通用电气人力资源部高级副总裁 Bill Conaty，以及通用电气顾问 Ram Charan 在他们的著作《人才大师》一书中描述了他早期与组织的融合。

通用电气的高层领导人认识到，任何外部人员都有可能加入他们高度体制化和结构紧凑的文化体系中，这需要谨慎的辅助，并且让其挑战自己恪守的理念。当他们因为超声波领域的专业知识雇用 Omar

---

1. 'Deloitte becomes largest British business to adopt contextualised recruitment' [Press release] 28 September 2015.http://www2.deloitte.com/uk/en/pages/press-releases/articles/largest-britishbusiness-to-adopt-contextualised-recruitment.html [Accessed 27 April 2016].

Ishrak 时，整个系统进入"通用式 Omar"的运作状态，在通用电气的行为和文化体系中训练和培养他——包括尽可能快速地建立亲密关系和信任感。

这显然是一种讽刺：尽管领导层希望可以对外界的质疑保持开放的态度，但他们会"尽可能快"地采取行动来抵挡其发生的可能性。Ishrak 称自己必须要做出调整，并且要面对"掌握通用电气商业语言"的挑战：

我所拥有的这些想法，它们可能是正确的，但我真的不知道如何用通用电气的语言与他们交流。我知道该做什么事，但超声业务的首席执行官 John Trani 帮助我用正确的语言构架出来。这不仅仅是简单地掌握行话。语言提供了执行初始方案的商业情境和系统观点，这与我一拍即合。[1]

学习一门语言绝不是简单的翻译问题。行业术语塑造了思维模式，George Orwell 在《1984》中就有力地证明了这点。因此，Ishrak 不仅仅是构思自己的想法，他要在可发挥的空间内塑造想法，适应通用电气的商业行为。他学会放弃他想做的事情，来支持"可以做"的事情。Conaty 和 Charan 认为亲密和信任是重要的文化元素，用于推动多样的观点交流，这并没有错，但对于 Ishrak，这些都是与通用电气达成的协议条件。

他与组织的整合达到了通用电气在当前业务模式内的产品创新目标。他沿着最高管理层选择的路径前进，无可否认，也克服了自己对

1.Conaty, B.and Charan, R. (2010) *The Talent Masters*, New York: Crown Business, pp.83 - 86.

强化员工等级制度的抗拒。然而，他从来没有余地提出真正挑战现有范式的想法，或者另辟蹊径。转型的机会就这样流失了。

Debra Meyerson 在她的书中研究了一个相似的案例。她采访一个在组织内寻求威信和带动力的外部人士，她通过掌握语言进入该组织。这位"温和的激进分子"说：

我发现，我越擅长参与会话，就越不可能表达我自己的想法和价值观。虽然这门语言让我接触到一些我以前不会谈论的事情，但它实质上是排他的。我无法用这种语言来表达我真正关注的事情，因为这在生理上本就无法实现。这种语言不允许我询问某些问题或表达某些价值观。[1]

走向变革的文化

一个希望将创新带入文化中心的组织，不仅要引进那些眼界超越大众思维的人，而且要协调可能干扰到他们自身实践和设想的其他观点。它必须为雇员创造启蒙时期的咖啡馆：一个鼓励交流的空间，不去刻意统一人们的声音，求同存异，去开辟和追寻新的方向。

咖啡馆促进非正式的私人交流，突破了日常事务的界限。这是一个水平空间：使人们能够在他们的专业角色和组织层级之外进行互动。关键的是，在这样的空间里交流，并不用按照既定的议程进行：想法拥有成长的时间，不会遭遇高层人物的质疑和有限的资金、时间。你也可以把它视为一个托儿所：一个不受外界和严格的正规教育影响，可以培养思维的地方。

1.Meyerson, D. (2001), p.149.

一个组织如何在内部重现这种咖啡馆文化？为了寻找好的例子，让我们看看那些在基础科学研究中处于前沿的学校，它们致力于拓展思想的领域。虽然许多传统院系都是招聘有特定专业的研究人员，但有些院系希望在更广泛的经验范围内招贤纳士，拓展他们的视野，并将合作和交流的机会最大化——例如，通过设计开放式平面办公、休闲区、无处不在的写字板等。

使用这种方法的一个典型代表就是安大略省的圆周理论物理研究所，其目标是"在对宇宙的本质研究中，从最小的粒子到整个宇宙，推动科学技术的突破"。[1]该研究所与 Stephen Hawking 有着很深的渊源，并于 2011 年开设了霍金中心，目的是要"创造一个物理空间，不仅能够展示美好而复杂的研究，还能够产生强化和激发的作用"。[2]它的特征包括自然光线，遍布四周的可写墙壁，从药草园到音乐会场等非正式互动区，和自发的多学科研究活动场所——还有用于全球合作的先进信息技术基础设施。

在增建这个专用空间之前，圆周理论物理研究所就有着深厚的协作文化。研究所将其描述为"由新观点繁衍而出的文化，汇聚了才智超群的人，并共同努力实现突破，改变我们的未来"。信任和尊重被认为是这种方法的关键之一，对于在工作场合发生的任何形式的骚扰、歧视或暴力，研究所实行零容忍政策，不论性别、种族、民族、宗教或籍贯，确保所有人拥有一个安全的工作环境。

---

1. https://www.perimeterinstitute.ca [Accessed 27 April 2016].

2. 'Stephen Hawking Centre At Perimeter Institute Honoured', 18 May 2012 [Press release] https://www.perimeterinstitute.ca/news/stephen-hawking-centre-perimeter-institute-honoured.

这种做法鼓舞人心，但也许并不令人惊讶——一个兴趣范围广至从"最小的粒子到整个宇宙"的机构，要拥有让想法蓬勃发展的文化，就要维持多样性的关键地位。

与此类似的还有全球伙伴关系计划，作为美国国务院、公共和私营部门、公民社会之间相互合作的切入点，该组织在美国前国务卿希拉里·克林顿的领导下于2009年成立，旨在加强美国外交实力，通过"合作关系，撬动创造力、创新力以及合作伙伴的核心商业资源，以此带来更大的影响"。

Kris Balderston是全球伙伴关系计划的前参议员副参谋长和特别代表，他将其描述为"在国务院内，一个以外交闻名的安全空间"。当我在2015年见到他时，他解释说，这在美国政治领域起到了尤为重要的作用，他说："这引发了冲突，人们只愿意和他们想法一致的人在一起——无论是自由派还是保守派。"我问他，在他直言为"极其危险"的环境中，安全空间应该具备什么样的特征，他回答道：

每个人都必须要有召集的能力。你必须仔细观察如何让不同的人聚集到一块，开展实质性的对话，并建立信任关系。他们必须能够提出疑问，你会在此获得什么，我会在此获得什么——去寄望于在社会和政治方面有更大的实现。[1]

2011年，Balderston对全球清洁炉灶联盟的建立进行了督导，该组织为公私合营，通过提供清洁和高效的家庭烹饪解决方案，打造一个繁荣的全球市场，力图阻止每年因木材、木炭和粪便等燃料引起的室内空气污染而造成的数百万人死亡。清洁的烹饪炉具对国务院来说

1.Interview with author.

是一个未知数，但希拉里对妇女赋权的兴趣为实验创造了空间。根据Balderston 的观察，有一个感兴趣但不直接参与执行的高层，有助于保护这个新生项目。这个团队继续制定炉具安全检测标准，在全球范围内执行项目计划。

这个计划在此前就收到了直言不讳的批评，至今仍是。炉具价格昂贵，购买率增长缓慢，并且研究发现妇女们并没有停止在炉具旁使用明火。Balderston 回应道，创新需要不惧风险，并对 Roosevelt 主张"持之以恒的试验"表示赞同：

> 不幸的是，人们不愿意冒险，因为他们知道会为此遭受媒体的贬低。我们难道为了"完美"，就要舍弃对"优良"的追求吗？

除了对风险要保持开放态度，Balderston 坚称多样性是创新的关键。他感兴趣的是在他所谓的"非凡联盟"中，观察人们的集合。

他指出，人们可以通过许多不同的特殊场合聚集在一起，比如贸易、政治运动或文化场合。但我们也可以策划这些"非凡联盟"。

鉴于这一点，全球伙伴关系计划举办了第一次公开的 TED 大会，并在一架飞机上创造了极客，将具有不同经验和观点的人们聚集在一起，挖掘跨国合作机会。Balderston 引用的另一个项目是 SEED，这是一个斯坦福设计学院的项目，邀请工程师、医疗保健人员、医生、公共行政人员和创新人才集合在一个房间里，组成 6 个小型竞争团队。他们需要解决一个问题，并在这个过程中互相竞争和挑战——更重要的是，他们要实地去考察这个问题。

Balderston 说，在每一个案例中，他们的解决方案都会改变，因为同理心是非常强大的。要获得同理心，你必须走出去结识你的客户和消费者，你所做的决定将会影响到他们。我认为，不要高估了换位思考的力量。

同理心的挑战

然而，同理心并不仅仅来源于去某个地方或与某人见面。我们需要与大众文化之外的人建立一定质量的关系，以此来培养变革的洞察力——这种洞察力帮助我们认识并重新评估我们所持观点背后的设想。幸运的是，这种技能是可以学习和塑造的。

同理心是一个有效的改变途径，但传统的管理和领导方式很少认识到这种价值。正如招聘的多样性，这个概念通常被认为是用于了解潜在客户和消费者，以便提供更多有吸引力的产品和服务。这两者并没有太大区别：正如我在第一本书《品牌战略的需求指南》中所言，更深入地了解人们想要什么，应该是企业提供产品和服务的起点。[1]

同理心有利于建立更好的客户关系，Lady Geek 公司首席执行官 Belinda Parmar 对此发声支持。她说，在传统的营销模式下，其价值尚未被广泛认可。

"高层管理者仍然对同理心不屑一顾，认为那是推特上研究人士的噱头"，她在英国《金融时报》2015 年 3 月刊上指出这个"散发出脆弱气息"的"严重误解"。[2]

Parmar 将其定义为"对他人经历的认知和情感理解，从而采取恰

1.Simpson, A. (2014) *The Brand Strategist's Guide to Desire*, Basingstoke: Palgrave Macmillan.

2.Parmar, B. 'Empathy is not for wimps, it is for survival', FT, 9 March 2015.[Article] http://www.ft.com/cms/s/0/b43cfa28-bc12-11e4-b6ec-00144feab7de.html.

当的行动"，并将其比作肌肉："任由它怠惰，它就会萎缩；锻炼并观察它，就会进化成企业的技能。"此外，她说，同理心的作用是可以衡量的：如果各位商界领袖愿意接受，这会是一个重要的标准。

这是 Lady Geek 公司提供的服务，用于"提高客户及员工的满意度，以及公众对社交媒体的认知"。该咨询公司收集公开发布的数据和私人数据，包括标准普尔资本智商和超过 50 万次的社交媒体互动数据，通过 3 个渠道对公司的同理心进行评级：内部对员工的同理心；外部对客户的同理心；最后是通过社交媒体对公众展现的同理心。2015 年，该公司与《哈佛商业评论》合作，对 100 家公司进行评价。其中表现最好的是领英公司，Parmar 指出其在竞争平台推特上的亮眼表现，证明其愿意倾听其他领域的声音，而不仅仅只是关注自己。

然而，我认为同理心是一种人与人之间的技能，而不是公司的特性；一个组织能够做的就是推动有利于同理心的行为，并在员工中培养相关技能。在这方面，我们有新的辅助工具。

其中之一名为"设计改变一切"，来自圣卢克，是一家总部位于澳大利亚的非营利社区服务组织，其宗旨是倡导共享式领导和社会的公正决策，并为组织发布在改变过程中可用的各类资源。在众多资源中，它制作了一套卡片，展示了中央或专制领导外的另一种选择。

它展示了决策行为在一个小组中的分配，让组员坚持 6 个原则：参与性、持续性、认同感、连接性、学习性和共同愿景。这些卡片促使组员在整个讨论过程中谨记这些原则。[1]

---

1. 'Change by Design', St Luke's Innovative Resources, http://innovativeresources.org/resources/card-sets/change-by-design/.

位于悉尼的适应力中心设置了另一种叫"命名画面"的卡片，描述了用户使用32个镜头对讨论过程进行批判性的检查，例如，询问"我们的文化中是否存在达成共识的压力？"或者"我们的决策过程是否只基于普遍原理，忽视了独特的经验和背景？"或者"我们的决策是否有其他人参与的成分？"[1]

这些工具有助于构建同理心，原因众多。其中之一就是他们提供了一种共享的、中性的语言，方便提出疑难问题。这创造了一个清晰、安全的空间，可以揭示、认识、讨论和解决文化偏见和歧视等问题，避免了人们在谈论敏感话题时常有的尴尬。他们鼓励倾听和反思（我在第五章对此进行了探讨），仅需通过提问的形式，以及在互相尊重的前提下进行讨论和争辩（这一点在第六章有更多的论述）。

关于这些工具的潜在影响，可以与短片《何为特权》中的小组练习进行对比，该片在视频网站上的点击量已超过130万次。此项练习的目的是展示一组来自同一所大学的同学，他们相互之间的社会经济状况有多大的差距。同学们站成一排，面对一系列与他们社会背景相关的问题。对于每一个问题，他们都被要求以前进或后退的方式做出回应。例如：

如果你的父母在晚上和周末都要工作，来支撑你的家庭，往后退一步。

如果你可以在公共场合向你的伴侣表达爱意，无惧嘲笑或暴力，向前迈一步。

---

1. 'Name the Frame', The Resilience Centre: http://www.theresiliencecentre.com.au/details.php?p_id=66.

如果你曾经被诊断有生理或智力的缺陷，往后退一步。

如果你有时间休假，向前迈一步。

如果家里有超过 50 本的书伴你成长，向前迈一步。

在练习过程中，小组内部的社会不平等程度暴露无遗。对一些人来说，这有助于驻足思考。一个参与者指出，"你执意想要对某种特权赋予解释，这很奇怪：'那其实不是我，因为我必须为此非常努力地工作'。"另一位则回忆道："我意识到有很多东西——再多的辛勤工作或是立法也弥补不了这个差距。"总体而言，参与者们用非常消极的表述形容了他们的经历及其导致的小组变化：

"一件难以讨论甚至回想的事情"

"尴尬至极"

"回头看到一群人在你身后，感觉并不好"

"当问题扑面而至，心情立刻发生了微妙变化"

这个练习存在的问题是它将人分离，而不是找到他们之间的共同点——反倒强化了它试图揭示的不平等的影响。它集中于个人经历而不是系统性问题。因此，需要开展后续活动，勉励小组成员共同思考如何从一个更健康的社会体系中获益。[1]

去除弊习

在一个存在不平等和偏见的体系中，多样性只是一件尴尬的事情——只有作为一种创造性的力量，多样性才富有价值。这并不是说它总会给创造力带来甜头：它也可以兼具破坏性和毁灭性。但是，它

---

1. 'What is Privilege?' [Film] https://www.youtube.com/watch?v=hD5f8GuNuGQ.

无疑具有动力去打破禁忌和纡尊降贵的僵局。

要把行动的多样性看作一种创造性的力量，可以先了解下世界各地艺术工作室的性质。几乎毫无例外，他们都对跨文化的交流发出邀请。例如，中国台湾的台北艺术进驻计划，"为全世界在艺术领域的多元文化合作提供了平台"。网站上的文本标明了地方艺术家和国际艺术家之间的互动，帮助建立跨文化和跨学科的对话，这些对话在进驻结束后的很长一段时间内，依然享有共鸣。

目前由台北国际航空公司主办的一个项目是"岛屿"，一个由伦敦——中国香港艺术家负责的计划，侧重于特定场域的艺术和装置。在台北，艺术家们——包括该项目的意大利创始人，以及一位来自中国香港的舞蹈编导——正在拍摄一部关于这个国家社会和地理遗产的影片。它串联起第一杯中国台湾制造的朗姆酒和 17 世纪的日本小说——交流，呈现迷人的景象。

对于一本写创新友好型组织的书来说，详述艺术工作室的工作方式以及他们所提供的支持，并不仅仅是随性之举。这两家公司都有一个共同的目标，那就在实地、在参与人员的想象中去挖掘可用的资源，来获取一些不同寻常的想法。

台北航空以多种方式做到了这一点。它有两个小村庄供艺术家居住，提供"一个没有国界的空间，超越了地域文化和政治环境的框架和限制，以更高的角度去创造自由和开放的交流"。艺术家们还可通过开放的工作室、研讨会、展览、讲座、表演、社区外展、交流项目、出版物——当然还有网络——与公众进行互动。开设课程的目的是"教导不同年龄层的台北人如何自由地行动和创造性地思考，让孩子和成人都能轻松而自信地沉浸在艺术里，让艺术自然地融入生活的每一寸肌理中"。[1]

拥有"自由行动和创造性思维"的能力，会让艺术成为生活的一部分。这只是创新友好型组织所追求的文化吗？这种文化可以跨越当下的思维范式，推动形成新的思考方式，从而产生潜移默化的影响，并开创新的思维范式。

在实践中，除了要接触各式各样的人和场合，创造性思维还有更多的要求：它需要娴熟的倾听技巧，当面临全新的观点和令你反感的做法时，可以克服思维定式。这是一个学习和去除弊习的过程，建立在交流、开放影响力和实验积极性的基础上，以及对他人思维视角的求知欲。

英国创意学家 Ken Robinson——他对创造力在英国教育体系和经济方面的影响进行调研，并因此赢得了爵士头衔——他同样把去除弊习视为丰富创新文化的渠道。他引用 Abraham Lincoln 的话说，"过去沉寂的教条并不适合动荡的现在，我们必须把自己从中解放出来。"他认为，不应让每一个人接受按部就班的教育和职业发展，而应该鼓励孩子和成人发挥他们的才能和热情："我们把自己出卖给一种快餐式的教育模式，它使我们的精神和精力迅速枯竭，正如快餐对我们身体的消耗。"反之，教育系统应该为人们创造蓬勃发展的条件，然后让他们依照自己的主张找到出路。[2]

但如果你想要的是对社会有用的创新，而不是培养一代艺术家，

1.AIR Taipei https://www.artistvillage.org/index.php.

2.Robinson, K. (2010) 'Bring on the learning revolution' [Filmed talk] https://www.ted.com/talks/sir_ken_robinson_bring_on_the_revolution?language=en.

你在释放热情并将其付诸实践的同时，也必须要学会驾驭它。这就是被著名的创新学家 Linda Hill 视为创新核心的"悖论"，她同时是哈佛商学院教授和《集体天才：领导创新的艺术与实践》一书的作者。因此，虽然需要释放个体的热情，接纳多样性，但实现突破是一个集体的进程。

Hill——对如皮克斯之类的创新型公司进行深入的研究——主张认为创新组织是"具有三项能力的社群：创造性磨损、创造敏捷性和创造性决议"。她解释说，首先，"要能够通过辩论和会话建立一个想法的集市。"释放个体的作用就是能在集市上呈现更加多样化的成果；创新型组织要"放大差异，而不是将差异最小化"。[1]

这是多样性帮助组织培养的另一项技能。除了同理心、询问、倾听和反学习外，还有辩护。当组织意识到差异的重要性，为相悖的观点创造安全的空间，就是重视质疑的时候。拥有动力去严格地发展和捍卫自己的观点，也是在孕育信念和信心。

Hill 对于质疑和辩护表现出极大的青睐——将其称为"创造性磨损"——这发生在皮克斯的创意主管身上。他们的目标是聘用敢于质疑和反对的人——但同时也要创造支持他们的空间。为了实现这一点，他们对封闭社群的行事方式进行研究——尤其是公共广场，也可以说是咖啡馆的前身：

在皮克斯，他们明白创新是需要一个群落的……他们说领导力就是创造一个有归属感的世界……他们把时间花在什么地方？不是树立一个愿景。相反，他们花时间思考，"我们如何设计出一个感觉像公

1.Hill, L. (2014) 'How to manage for collective creativity' [Filmed talk] https://www.ted.com/talks/linda_hill_how_to_manage_for_collective_creativity?language=en.

共广场的场所，便于人们互动？"

可能相较于咖啡馆，公共广场的概念更接地气——这就是皮克斯的主管们所追求的：一种能让"公民"自由发言的文化。对他们来说，这体现在任何人都可以接触到主管，并表达自己的观点。

然而，请注意，在这种情况下仍然存在清晰的身份层级。主管们还对 Hill 描述道，他们注重对有贡献的人"给予慷慨的绩效奖励"——这并不是承认所有的功劳平分。

所见即所得

公共空间往往成为一个每天上演社会不公的舞台。如果你仔细观察谁是最显眼的，谁在发声，谁能自主进行某项活动，个人自由的差异就会显现出来。想想沙特阿拉伯的街道，那里的妇女不能开车。或者是新加坡的演讲角，在那里只有永久居民才有发言权。或者在印度的公园和广场，大多是成群的男人，女人鲜少可见。与此相反，周日，女性成群结队地聚集在香港的桥上、扶梯旁和天桥下：她们大多是处于休息日的外籍家政人员，没有自己的住房或公共空间。香港的咖啡馆由白领职员和外籍人士占据，正如欧洲早期的咖啡馆，由启蒙时期受过教育的人主导。

对公共空间的极度利用可以成为变革的力量，超越大型的示威或静坐，例如香港的"占中"。一本名为《为何闲逛？孟买街头的妇女和危险》（*Why Loiter? Women and Risk on Mumbai Streets*）于 2011 年在印度出版，引发了全国性的社交媒体运动，鼓励女性在公共场合彰显自己的存在。[1]Blank Noise——在 2003 年发起的一项活动，旨在通过探索不适地带，帮助人们去除社会偏见——随后，在 2014 年发起 "Meet to Sleep" 活动，号召印度各地的居民聚集在公园等公共场所睡觉。

一位活动的定期参与者描述了她 "Meet to Sleep" 的经历，从最初饱受紧张的不眠之夜，发展到对这样的空间怀抱感恩，她确信活动的价值不仅来自对男性态度的影响，也来自对女性的影响。她甚至带着女儿一起去，女儿不停地问："在公园里睡觉有什么大不了的？"她写道，虽然她的女儿可能还太小，无法理解 "Meet to Sleep" 的推动力，但 "我希望通过这样的举动，她可以继续思考这个问题，直至她成为一个生活在印度的成年女性"。[2]

全世界各地都有类似的活动。例如，有的是教阿富汗的女生玩滑板，有的是鼓励印度比哈尔邦的女孩骑自行车——一种让她们安全上学的方式，同时降低她们在路上被骚扰的风险，宣告她们拥有的权利。

这些例子表明，相较于初见乍看，在公共场所进行的活动会有更多的影响力。组织可以仔细研究对自身公共空间的利用，并从中获益。例如，它是如何影响组织的文化，如何影响不同群体发表意见的自由？有发生变革的机会吗？能够带来更多的自由，促进更多形式的互动吗？

在过去的十年里，为了鼓励交流，工作场所发生了很大的变化。创新美学和技术领导者的工作风格，自由职业者和企业家活动中心的兴起，公民创新的创客空间和网络活动的传播扩散，无一不影响着人

1.Phadke, S., Khan, S., Ranade S. (2011) *Why Loiter? Women and Risk on Mumbai Streets*, London: Penguin.

2. 'Meet to Sleep, Bangalore' [Blog] 20 Jan 2016 http://blog.blanknoise. org/2016/01/meet-tosleep-bangalore.html.

们工作和互动的方式。谷歌在纽约办事处的会议室布置得像一间纽约的公寓，配有全套鼓乐器和家庭照片；员工们可以骑滑板车行动，也可以带狗。你越有家的感觉，就越有创造力。

公共空间项目组织是一个非营利的规划设计机构，致力于帮助人们营造和维持公共空间，建立更强大的团体。通过与美国 50 个州和 43 个国家的 3000 多个团体合作，该公司不仅强调设计成果的重要性，还强调团体对空间进化的参与：

团体场所不仅可以成为创建者们活跃交流和加以利用的地方，也会让他们更加欢迎不同年龄、能力、收入水平和背景的人。

加州州立理工大学的助理教授 Courtney Knapp 解释道，关于不同文化群体对公共空间的利用，有两种主流理论。"边缘性理论"强调了在获取资源方面的差异和资源分配不公平所产生的影响，而"种族理论"认为文化价值同样会影响利用的方式。她补充道，第三种理论集中在歧视上：不受欢迎的感觉所带来的影响。要建设性地应用这些理论，Knapp 建议对三者都展开调研——但他坚持认为最优方案是团体广泛和持续的参与，并采用灵活的方法适应随时间变化的偏好。[1]

公共空间项目组织希望实现的是"以场所为中心的管理"——立志通过合作化和团体导向的"场所营造"项目，来改变管理的文化和能力：

场所当然不代表团体中所有的公共利益和价值，但作为一个组织的焦点，场所最有利于价值的保留、共享和利用。对场所的聚焦有助

1.Knapp, C. (2009) 'Making multicultural places', Project for Public Spaces http://www.pps.org/blog/multicultural_places/.

于从管理内外的各个层级中产生领导文化。

通过场所导向的方式管理公共领域，这在本质上更开放，更真实，更有文化活力。在自我管理的空间里，要号召和要求现有人员和新人去提升他们的行为，来促进经历的共享。[1]

这说明了多样性对创造的渗透力，反之，当人们参与一个空间的创造时，也会对多样性产生影响。同样的原则也适用于工作空间和其他组织的共用空间，这成为一个启程点，走向一种支持新想法出现的文化。

现在，许多想要在城市里重振创新的项目都在关注场所营造。举例来说，艺境DIY提供了一个“创意场所营造的工具箱”，其中包括团体成员探讨经验的指南、提示单、模板和视频；而在2015年，布鲁金斯学会发起了巴斯创新与场所营造计划，表彰“在优质场所工作的创新人士所做出的大力贡献，其反映了当地的文化和历史，并加速了思想的不断交流”。该计划的成果之一就是创建一个场所导向的城市创新区域网，为更多的市民提供交流思想和磨炼技能的空间。

文化考古

可见性和去除弊习之间有着深刻的联系。我们看不到许多我们需要去除的东西——对于那些将统治阶级的利益置于少数群体和集体福祉之上的偏见、观念和行为，如果我们要将其去除，首先就需要对它们有所认识。

1.Kent, E. 'A thriving future of places', Project for Public Spaces http://www.pps.org/a-thriving-future-of-places-placemaking-as-the-new-urban-agenda/.

我们将一种可以揭露偏见的创造性方法描述为"文化考古"：回到我们的文化遗产中追根溯源，并找到新的起点。许多初创企业和先进的合作项目正在对共有遗产的各方面进行重新定义，以此找到这些起点，激励周围的人。实际上，他们将"重塑"的美学、想象力和活力，与社会起义充满能量和雄心壮志的特性相结合——事实证明，这种策略非常有效。

"非会议"活动接手本属于"专家"的舞台，将其交由合作团体，通过讨论、研讨会、自发的头脑风暴和圆桌会议，彻底改变了会议的传统模式。新兴的非修道院运动，对地方型遗产注入新鲜血液（它的短暂性和迁移性让世界为之向往），以此作为塑造和实现团体愿景的资源，这又如何评价？

非修道院运动遵循本笃会修道院的原则——是在代表他们共同利益的秩序下生活和工作的自治团体——并以当代黑客空间的创新精神将他们融合在一起。它被宣扬为"一个世俗的、自给自足的托钵修会，力求建设一个能够更好地抵御当前和未来系统危机的社会"。其目的是"重建传统修道院的最优社会功能：通过为成员设立一个共同的目标，创造一个与他人深入发展关系的机会，以及弱化产生个人收入的需求，这样就可以把时间完全投入到对当地社区的服务中，通过开发新的数字工具为全球贡献力量"。

非修道院活动最初是作为欧洲委员会和欧盟执委会的一个项目。当它们停止支持该项目时，它发展成为一个由国际团体运营的社会型企业。这个组织超越任何自然地理位置的限制，却将自己定义为"非修道院人士聚集的地方"。同时，鼓励这些"非修道院人士"规划所拥有的技术和资源，并为可持续发展的未来发挥协同作用，开发具有社会适应性和资源高效性的项目。

它注重持续的学习和分享，为每个人和每个项目打造厚实的基底。本笃会有"时间之书"，而非修道院有它的"错误之书"——重视运用机敏的、试验的和改良的方法促进发展，而不是遵循既定的路径或预先规定的文案。它在项目进程中所得到的经验是：

世界的运转方式倡导独立性、表现力和聪明才智，如果不能运用人际技能去培养友情、胸怀和深厚的相互信任，我们这些非修道院人士就有迅速灭绝的危险。[1]

529 年，第一所本笃会修道院在意大利努西亚创建，而 2014 年，第一个非修道院的原型也是在意大利南部巴西利卡塔的首府马泰拉建立。今天，马泰拉面临着诸多挑战，对其社会凝聚力带来重大影响，例如缺乏代际空间、缺乏残疾人移动装置的配备、缺乏让孩子们发展的空间，培养他们在数字化未来所需的技术能力。它还面临着严峻的基础设施问题，如落后的废物管理、无回收利用、无再生能源、水安全问题以及退化的建筑环境。

马泰拉非修道院有 14 个致力于与当地社区创新组织合作的"修道士"，包括 CasaNetural 和 Rigeneriamo Lab，为解决其中的一些问题出谋划策。目前的项目首先是要解决马泰拉的基础设施问题。例如，一个是在社区成员之间建立网状网络，普及互联网的接入，克服连通性差的问题；另一个是考察可再生能源和废水处理的潜力。非修道院同时采取了门户开放政策，希望有更多的公民参与到它们 200 年的"规

1.From unMonastery's *Book of Mistakes* [Accessed 27 April 2016] http://unmonastery-wiki.mirelsol.org/doku.php?id=book_of_greater_and_lesser_omissions_-_print.

划历史"进程中。

非修道院已陆续开启新的"篇章":在雅典的项目包括与厨师合作的快闪厨房——其中有许多非洲移民的参与——到 CoderDojo 和马泰拉项目的合作,让雅典的年轻人免费参与计算机编程俱乐部。

超越性别规范

我们寻求各种方式与他人建立关系,鼓励人们交流和分享,潜在原因是我们意识到需要以更开阔的视角去宣告未来。一些具有全球趋势的行动正在为此贡献力量。其一是对性别和性取向多样性的主流认知发生了结构性转变。在同性婚姻和收养方面取得的进步,以及法律对变性人和性别中立的承认——甚至是新代名词的正式引入——使人们对多样性和平等问题的讨论、兴趣和开放度持续升温。正如 D. H. Kelly 在我委托其为未来出版社论坛撰写的文章《展望未来》中所说:

2015 年,莫桑比克成为第 21 个对同性关系非刑事化的非洲国家。同性婚姻在卢森堡、斯洛文尼亚、爱尔兰和美国,还有一些分属司法管辖区内合法化。奥地利解除了同性伴侣收养的禁令。越南首次承认变性人身份,尼泊尔在护照上增加了性别中立的选项。在爱尔兰和马耳他,人们可以通过填写申请表来更改护照和出生证明上的性别。[1]

这些变化如一石激起千层浪,使被认为是"小众"的问题成了社

1.Kelly, D. (2016) 'T for Transformation' or 'Worlds of opportunity beyond 'he and she", The Long View / The Futures Centre http://thefuturescentre.org/articles/6794/worlds-opportunity-beyond-he-and-she.

会主流争论的话题。当我们对身份体系和文化习俗之下的认知发起挑战时——比如宗教、教育和法律制度维持着二元性别的差异，并根植于我们的语言中，从而影响我们的思想和行为——我们创造了一个空间，以不同的方式去设想基本的社会结构。这些问题涉及各方各面，变革和赋权的机会也如此。Kelly 补充道：

> 可见的多样性能够揭示主导亲密关系和经济关系的结构局限性。LGBT（同性恋、双性恋及变性者）群体并不是对钱和物质更不在乎，只是当一个人可以平等看待自己的伴侣或是潜在伴侣的时候——同性伴侣在这个方面受到更少的文化制约——就比较不会将财富和资产的积累视为其角色的基本部分。

性别结构的影响无处不在，从养育子女的责任和土地所有权，到财务和教育的获取。相关的法律及制度标准界定了个人发展和选择理想生活的可能性。

它们还制约了社区和组织对潜在发展资源的开发能力。例如，工程、科学、数学和技术行业努力吸引女性人才，然而对于技能和利益的性别成见已经为教育制度的走向定下基调。

城市面临着日益增长的孤独症，和所谓精神疾病的"流行病"，这被认为是由工作压力和社交排斥引起的，遍布所有年龄层，无论是来自理想的或是受压的家庭单位。基于更加灵活的角色定位，家庭和紧密结合的社区具有新式的结构，也提供了克服这个问题的办法。2015 年，英国政府朝这个方向迈出了一步，宣布从 2008 年开始，允许父母与孩子的祖父母共享产假——这在亚洲部分地区是普遍的观念。但又要如何在两个以上的父母之间分担责任呢？在过去的 20 年里，有关多元文化的书籍和博客在西方逐渐拥有了读者群，如《道德浪女》[1]，《新欢不设限》[2]。

社会角色的新定位

我们如何在社会中规划自己——以及我们要做的工作——取决于并影响了我们对个人身份和角色的理解。除了对性别的态度发生变化外，一些全球化的趋势也正在发挥作用，组织对此做出了回应。其中一个事实是，人们的寿命更长了。以 Barbara Beskind 为例：她是硅谷最年长的设计师。在她听到创始人 David Kelley 在电视节目《60 分钟》中强调多样化设计视角的重要性之后，她以 80 多岁的高龄申请加入创新公司 IDEO。现在，90 多岁的她每周为公司工作一天，为老年用户提供产品咨询服务。她告诉 BBC：

我在 10 岁的时候就知道我想成为一名发明家，但学校的职业顾问告诉我，工程院校不招收女性学生，所以我选了家政学，我想也许他们需要有人设计新的开罐器。好吧，那并不是真的。[3]

当时，IDEO 正在为上了年纪的"婴儿潮一代"设计产品，Beskind 对于衰老的直接经验被视为一种财富。她说，"人们随着年纪增长，最终都会自己解决所有的问题"。但她解决问题的能力在更早

1.Easton, D.and Liszt, C. (1997) *The Ethical Slut: A Guide to Infinite Sexual Possibilities*, Emeryville:Greenery Press.

2.Anapol.D. (1997) Polyamory: The New Love Without Limits : Secrets of Sustainable Intimate Relationships, Intinet Resource Centre.

3. 'Silicon Valley's 91-year-old designer', BBC Magazine, 7 September 2015 http://www.bbc.com/news/magazine-33626980.

的时候就得到了磨砺——首先在成长的孩童期，20世纪30年代的大萧条让他们的资源少得超乎自己的想象，然后，她成为一个军队的职业治疗师，通过编织物和木器等工艺品，想方设法帮助受伤的老兵重获独立能力（如学会再次举起叉子或写字）。

越来越多的组织也在推行弹性合同制和弹性工作时间，突破了每周朝九晚五的要求和限制。在瑞典，一项将工作时间限定在6小时以内，同时不降低工资的试验改善了养老院的护理质量。但是人口老龄化和弹性工作制的结合会对社会福利和养老金造成影响，挑战了退休的既定概念。与设计公司一样，经济学家和政策制定者现在可以重新考虑将老年人视为一种资源，而不是资源的负荷。

Beskind和IDEO的同道设计师所使用的设备远远领先于战后年代的木匠工艺。我们现在不仅有复原的技能，而且还能增强人类能力，利用仿生学和外骨骼、增强现实应用的可穿戴技术，以及用于强化精神活动的技术设计——比如我们的记忆。我们对"有能力"的概念被这些发展所推翻。我们对"自然世界"或"物理世界"与"数字世界"之间存在明显区别的认知也同样被打破。

许多新技术对我们的工作方式产生了影响——从印刷机到个人电脑。但是，今天的发展使我们能够实现以前不可能的梦想。与此同时，无论处于何种教育和技术水平，我们不断增强的数字能力对当下人们的工作角色也提出了挑战。自动化带来行业的变革，但也颠覆了白领阶层的就业。

2017年，第一个全机器人操作的蔬菜农场在京都开放。打造该农场的日本Spread公司计划每天种植80000棵生菜——全部通过室内LED灯的照明。到2020年，日产量将达到50万棵。

在龟冈市的另一家工厂，Spread 公司每天在人工光照下种植 10000 棵生菜。全自动化减少了 50% 的劳动力成本，使每单位体积的产量翻倍。不分昼夜地 24 小时出产，减少了污染和疾病的风险。智能化和远程监控取代了现场监管员的作用。

自动驾驶车辆已经上路，并有可能证明其安全性高于那些依靠人类判断、技术和责任感的驾驶。无人或远程控制的船舶也在研发中：劳斯莱斯旗下的蓝海研发团队宣布一项新的合作研究项目，为这些船舶生产设计和操作系统，该项目在海员中引起了恐慌。但正如共同合作的 MUNIN（海上无人导航系统）项目所指出的，基于岸上的操作系统可以帮助该行业变得更具有社会可持续性，也会减少海员离开家人的时间。

至于那些既要求精确性，又要求战略思维的工作呢？2016 年 1 月，阿尔法围棋（AlphaGo）成为第一个击败人类职业围棋选手的人工智能机器人，由位于伦敦的谷歌人工智能公司 DeepMind 开发。这项古老棋类游戏被长期认为是人工智能面临的最大挑战之一。

这样的发展对劳动力的影响要比可能发生的替代和裁员更复杂。或许未来的招聘者会考察与机器人协同工作的能力——而对工作文化的影响则会是对整个组织的全面挑战。我们通过日常的办公室对话深化人际关系，但在电脑屏幕前花费的时间和电子邮件的发送已经对此构成挑战，我们需要有"突围式"的空间来打破与屏幕形影不离的情境。当你有很多机器人同事，会是怎样的工作情形？如果我们越发习惯于对机器做出反应，我们的社交技能——比如尊重和共情——会受到怎样的影响？是否存在这样一种风险，即我们发现自己只在技术职能方面对彼此做出反应？

来探讨一下我们与机器的关系可能会造成的一种影响——不是为了挑衅，而是为了未来有用的实践（接下来会论述更多关于未来思维的好处）。一项在2015年发起的活动旨在让人们认识到性爱机器人的出现对性暴力的潜在影响。全球性玩具行业价值150亿美元，现在当然有很多公司会将机器人技术应用于性爱玩偶上。人类学家和机器人学家发起了反性爱机器人的活动，他们声称这种机器人不会取代卖淫，而是进一步鼓动物化人类，并导致人际关系的恶化。尽管一些人声称性爱机器人可以帮助减少卖淫和性交易中的暴力，但活动人士坚持认为，市场不仅只是迎合人类的欲望，还会带动欲望的形成。

技术的到来会影响人际关系，组织需要对此引起注意；技术可能有助于传播支持开放、互动和尊重的文化。例如，家用机器人已经在帮助家长教导孩子整理玩具，并发出有趣的声音作为积极的反馈。那么机器人还会推动哪些行为呢？

蒸蒸日上

正如我在前言中所提到的，我是在参加一个颁奖活动时受到启发，写了这本书，该活动是为了表彰女性难民对伦敦社区和组织所作出的贡献。我震撼于她们的足智多谋、韧性和创造力，但让我惊讶的还有对她们所带来价值的忽视程度，她们的存在被视为一种负担。

有许多无用的谬见和偏见成为识别机会的绊脚石——最普遍的说法就是难民们无所事事。不仅是研究发现——与此相反——许多移民的工作能力和贡献社会的能力受到限制，他们深受其苦，很多人拥有高水准的技能和经验，却未被认可。

一项对 292 名前往英国的津巴布韦难民的研究发现，只有 8% 的人获得工作的许可，但 88% 的人想要工作。作者写道，"没有工作权利的后果包括丧失结构和目标，以及对自我价值感和融入社会的能力带来消极影响。"[1]

创造就业机会可能是一项挑战，组织应该采取更灵活的方式来帮助处理这个问题。别忘了渔场里的火烈鸟。一个创新友好型的组织将在同样的原则下茁壮成长："吃得越饱，系统就越好。"

2.2 诚信正直

在卡通漫画《加尔文和霍布斯》中，小男孩（以法国神学家为原型）告诉他的毛绒虎（以英国政治哲学家为原型）：

对我们前卫的后现代艺术家来说，最难的就是决定是否要接受商业主义。市场只是为了猎取下一个新事物，我们允许自己的作品被其大肆宣传和利用吗？我们是否加入了一个将高雅艺术变成低俗艺术的体系，以此更好地迎合大众消费？当然，当一个艺术家走向商业化的时候，他会嘲笑自己作为一个局外人和自由思想家的立场。他接受了艺术本应超越的愚钝和肤浅的价值观。他以艺术的正直来换取财富和名誉……哦，怎么回事。我会这么做。

---

1. Doyle, L. (2009) '"I hate being idle" Wasted skills and enforced dependence among Zimbabwean asylum seekers in the UK', Refugee Council http://www.refugeecouncil.org.uk/assets/0002/8759/i-hate-being-idle.pdf.

老虎翻了个白眼。他说："那并没有那么难。"[1]

漫画背后的作者Bill Watterson画了5年的漫画，没有任何报酬。《辛辛那提邮报》为他提供了一份工作，他认为做自己喜欢的工作，又可以赚钱，像是美梦成真。但在一年内，他就以辞职告终。

"我从来没有想过，我创作的连环漫画会被一个名为辛迪加的吸血企业寄生虫所摆布，我还面临着无数伪装成简单商业决策的道德决策。"他曾于1990年在凯尼恩学院对毕业生发表演讲时说："我越清楚他们想要对我的作品做什么，我就越发觉得这似乎与我创作漫画的初衷不一致。"

如今，企业正意识到这种颠覆的企图——乐于标新立异和批判的能力——这是一种可贵的品质。组织正在积极寻求有创造力的人，他们具备打破常规的条件。组织有这种需要。但他们知道如何为其开路吗？

核心力量

诚信正直意味着把自己从预先设定的行为模式中解放出来。我们谈论一个诚信正直的人，会将其描述为有"骨气"：我还把它想做是强壮的腹肌群，支撑着不计其数的活动、行为和表情，并使其信服。诚信正直促使我们与自己的目标联系起来，并做出创造性的反应。与此相反，服从的行为就像外骨骼，赋予行动力量和含义，但最终把它们禁锢在陈腐的道路上。

1.Watterson, B. (1990) Calvin and Hobbes http://www.gocomics.com/calvinandhobbes/1990/11/02.

"正直"这个词来源于整数：一个完整的数字。一个人行动正直，就需要发挥出完整的自己：他们所学到的一切，他们坚守的真理和他们重视的东西。一个创新友好型的组织，不是要求个人去适应专业角色，接受一套既定原则的指导，而是要支持每个人发展自我意识，正直地对待每一个决策。

在工作场合，诚信正直的障碍之一是服从。我们已经在上一章遇到过这种情况，特别是在使用语言方面。通用电气的 Omar Ishrak、Debra Meyerson 的"温和的激进分子"都发现自己表达想法的能力下降，因为他们面临着要遵从所在组织特定语言的压力。而语言只是组织要求或者巧妙迫使个人服从的一种方式。

为了创建诚信正直的空间，组织需要破除暗示员工复制某些行为方式和标准的结构。每个人需要带着弓箭手的眼光去行动（感知需求），具备杂技演员的敏捷性（对其做出适当的反应）和画家的创造力（探索创造性的处理方法），而不是仿照和模仿。诚信正直让一个人可以发挥所有的实力和技能去应对挑战。

为什么服从

在一些组织中，服从出于充分的理由，尤其是那些为了高效复制而设计的组织，而不是为了持续的再创造——从大批量的生产到大众化的教育。在这个"效率"模式中，服从的好处包括安全、一致性、质量与合作。

组织特定的语言，或称行话，同时实现了高效率和一致性：选定的术语作为表达复杂思想的捷径，可以促进掌握术语内涵的人达成共识。它的缺点是，对于那些尚未接受过术语"教学"的人来说，它不容易理解，因而也成为与圈外人交流的障碍。术语切断了想法的流动，或者将其封闭起来。有时候，使用术语的目的就是如此，为了拒人之外或（似乎是）为了凸显自己。精通术语的人加入精英群体，却也远离了更大范围的讨论。

组织还会通过什么方式促使人们服从呢？其中之一是让他们承担专业角色，比如经理：这在规定组织行为时非常有用，例如制定决策或执行标准。清晰一致的管理风格也可以支持和保护员工。同样地，"任职要求"有助于明确员工执行全套任务时所需的特定技能和素质。然而，我相信我们需要一种新的方法——鼓励每个人发问，这份工作要求什么，他们又可以带来什么。这已经出现在扁平化和模块化的管理结构中，团队自行选择，个人帮助自己塑造角色。

着装是促使人们服从的另一种方式：穿着西装或制服可以提高品牌认知度（如航空人员），或防范身体风险（如建筑或工厂工作），或执行卫生标准（例如在医院或厨房）。不同风格的服装还会增加员工遭受人身骚扰的风险（通常出现在推销卖酒的女性中，还有管理岗位的女性）以及显示层次等级（例如，通过使用不同的颜色或带子来反映身份）。因此，服装在维系特权和不平等的文化中起到了重要作用，也妨碍了表达的自由和思想的交流。这促使许多非营利性组织、社会企业和社区主导的组织摒弃职业着装，注重实用性，舒适性和表达的自由。

即使是那些在组织层级中享有特权的人，他们对抑制表达和创新的"专业人士"这个概念也抱有期待。人们期待专业人士以更高的姿态行动，而不是呈现自己私下的样子；他们要表现出最好的状态。我

们的目标是在一个高产的组织中成为一个高效的个体。但如果人们只
局限于自己的专业层面运作，他们的视角和经验就会更加有限。创新
需要生产力之外的呼吸空间，需要超越最好的成绩去拓宽工作方法的
广度；而不是一直做那些被证明有效的事情，个人也需要尝试可能会
失败的事。

这是 Debra Meyerson 极力主张的观点：

因为工作生活往往充斥着人际关系和社会暗示，人际关系强化了
"自我"与大众文化相符的部分，而社会暗示则强力引导个体趋向服从。
因此，人们关键是要与组织内外的人展开互动，确认"自我"不相容
的部分。[1]

在磨炼正直感的过程中，Meyerson 提醒人们要注意其他人发挥的
作用。这不仅是向别人取经；更不只是探寻内在。问题在于我们"完
整的自我"从何起源，从何终止。我们是作为个体开始生活的，还是
作为一个家庭有机的部分，由更广大的社区供养？我们是以一个自给
自足的系统开始生活的，还是我们长期需要食物、空气、水和其他资源？
如果诚信正直是关于整个自我的，那么它还包含对人和资源的认同感，
这些人和资源为你带来生命、健康和幸福感。忠于他们与忠于自己是
同等重要的。

在体系和义务之外

Chinua Achebe 说："对正直感真正的考验之一就是它决不妥协。"

1.Debra E Meyerson (2001) *Tempered Radicals: How People Use Difference to Inspire Change at Work*, Harvard Business School Press, p.13.

那么这是否意味着一种更加严谨的思考和行为方式？正好相反，正直感是一种持续不断的探求，在变化的环境中践行自己的价值观，以开放、质疑的眼光考虑每一种情况。

正直感对任何人来说都不是理所当然的事。有些人比其他人更擅长；但总是需要花费努力、思虑和勇气。组织如何帮助人们磨炼正直感，当他们的原则面临挑战时，是否有勇气说出来——即使需要他们力排众议？

麦肯锡公司以鼓励员工畅所欲言而闻名。该公司的价值观中包含"提出异议的义务"，以"为杰出人才创造无与伦比的环境"为志向。在实践中，它与另一种价值观广泛联系在一起，这是麦肯锡坚持最高职业标准的雄心所在：把客户利益置于公司利益之上。

要注意的一个重点是，员工在表达观点的时候要关注客户的利益，而非自己的原则。哪些观点会胜出，取决于如何评估这些利益，以及如何表达这些利益。一些变革性的观点会对客户利益的本质提出质疑——例如，优先考虑长期的适应性而非短期的股东利润——如果这些原则得不到公开的认可和讨论，观点就很难获得支持。

即使有的义务已经落地并得到普遍理解，也依然存在异议。《容易实现的目标：77种提高生产力与利润的启发性方法》的作者Jeremy Eden 和 Terri Long，以及麦肯锡的顾问，提出"高管的过度热情"是障碍之一，即领导者对一个想法的热情盖过了显而易见的推论。Eden 和 Long 坚持认为"领导者有他们自己的特殊义务：提供一种鼓励不同声音的环境"。

为此，他们规定了一种辩论文化：将对相反观点的辩护视为一种技能。Eden 和 Long 认为，这样的文化应该从招聘阶段就开始，要求受聘人员描述他们表达异议的经历。他们还提醒不要"那些在会议上安静坐着，然后在会后私下里找你，表示对决定有不同意见的人"。

允许员工私底下提出异议，加剧了"沉默者生存"的文化。这也是非常低效的，因为你需要召集合适的人员再次讨论你认为已经做好的决定。[1]

这给个体对为什么要提出异议的私人思考留下了狭小的空间——使从一开始，异议就只是代表会有事情发生的预示。这也对更加内向的沟通风格以及不喜欢公开辩论的文化构成了挑战，这种职业环境在亚洲是很常见的。

另一家雄心勃勃的公司也采取了类似的对抗方式来创新，那就是亚马逊。据《纽约时报》报道：

公司鼓励员工在会议上推翻彼此的想法，长时间的熬夜工作（午夜之后收到电子邮件，紧接着又收到询问为何没有回复的短信），还要遵守公司所吹嘘的"不合理的高标准"。内部通讯录使同事之间可以向彼此的上级打小报告。员工称，这经常被用来妨害他人。

一名工作不到两年的员工承认，他见过几乎所有和他一起工作的人都曾在办公桌前哭泣。然而，作为美国最有价值的零售商之一，亚马逊无疑是成功的。该公司的首席招聘人 Susan Harker 认为，这种成功证明了他们的手段是合理的："我们公司致力于创新性和开创性的大工程，做这些事情并不容易。"她在接受《纽约时报》采访时表示："当

1.Jeremy Eden and Terri Long "The Obligation to Dissent", *Great Leadership blog*, 10 April 2014.http://www.greatleadershipbydan.com/2014/04/the-obligation-to-dissent.html.

你定下一个远大目标时，工作的本质就是充满挑战性的。对有些人来说，这行不通。"[1]

亚马逊似乎并不在意自己正在失去对这种文化"行不通"的人。一位人力资源总监将这种低保留率称为"目标式的达尔文主义"：拒绝弱者。在更加便捷和深远的销售模式下，他们证明这项策略是成功的。但如果亚马逊立志于更高的抱负——在一个真正变革的商业模式下，除了国内生产总值，还要传输长远的价值，又该怎么办？我们或许需要一种更加尊重他人，并具备长远性的工作文化：在这种文化中，个体没有义务提出异议，而是组织有责任仔细倾听，去洞察哪怕是没有说出来的反抗和不确定的迹象。

火箭背带

你可能认为在高风险组织里，会有强烈的倾听欲望——人们冒着生命危险竭力追求卓越的那种欲望。事实也是如此。对美国国家航空航天局（NASA）来说，对挑战保持开放的态度是科学诚信的原则之一。它根植于人们认为非常坚挺的政策中，即便是这些政策，也要接受长期的审视：NASA 鼓励所有员工阅读其科学诚信体系，通过 NASA 内部网站页面提交他们的问题和评论。体系本身基于 2009 年 Barack Obama 发表的一篇纪要，纪要强调了科学对提供公共政策决策信息的重要性，以及让公众相信这种科学的需要。纪要涵盖了透明度、公共

1.Jodi Kantor and David Streitfeld "Inside Amazon: Wrestling Big Ideas in a Bruising Workplace",*New York Times*, 15 August 2015.http://www.nytimes.com/2015/08/16/technology/inside-amazon-wrestling-big-ideas-in-a-bruising-workplace.html.

传播和同业互查（这些都提供了挑战的机会）等议题，科学诚信体系在此基础上拓展建立。

与这些政策同样重要的，还有能够提供适当支持的文化。正如 Ali Llewelyn 2012 年在 NASA 公共博客上所写：

诚信是我们每天做出的承诺。诚信让所有事情都置于明处，这并不简单——记录想法，确保安全，循序渐进的工作，公民的真正参与。这使机组人员可以将自己绑在几百万磅的炸药上，并相信一切都会按计划进行。有时它意味着对我们自己的工作要点提出尖锐的质疑。不仅是机组人员，诚信还确保公众能够相信我们做出决定的本意——并承诺与他们适当地共享这些信息。[1]

Llewelyn 解释说，这是受到 Waleed Abdalati 的提醒，Waleed 是 NASA 当时的首席科学家，他的研究重点是了解地球冰盖是如何以及为何发生变化的，以及这些变化对地球上的生命有什么意义。Llewelyn 工作于 NASA 的开放政府团队，致力于开发新的创新程序、开放式数据应用和合作方式。

作为团队的一员，她帮助创建了当时世界上最大规模的协作项目，国际太空应用挑战赛，让全世界参与的探索者加入进来，改善地球和太空生活。因此，你可能认为这种支持科学诚信的文化来自 Llewelyn 的真知灼见，她也是一位倡导开放，在社区文化与合作方面有所研究的专家。值得注意的是，她的灵感来源于可靠人士（首席科学家 Abdalati）。

1.Ali Llewellyn "Innovation, Inspiration, and Integrity", *Open NASA blog*, 16 May 2012.https://open.nasa.gov/blog/innovation—inspiration—and—integrity/.

蓝绿色组织的诚信正直

一个组织的既定原则和它的文化之间并不总是有着明确的关系。在过去的几年里，越来越多的公司不再把它们的社会责任看作是附加的东西，核心价值观的概念也随之得到了众多关注。那么，核心价值体系如何影响个人发展和表达自身价值的方式？一个组织是否既能规定一套理想的行为理念，又能感知到诚信正直在各个层面的表达——甚至感知到相互冲突或相互竞争的价值观？

我认为这是可能的。但它需要一种特殊的组织：正如 Frederic Laloux 所描述的，在一个全新的范式中所出现的组织类型。《再造组织》一书的作者 Laloux 认为，我们正处于人类组织中一个新阶段的开端，他将其视为人类历史进程的第六个阶段。他更喜欢用一系列的颜色区分前后每种范式，而不是数字编号，因为至今每一种范式都还以某种形式存在。[1]

第一个颜色是红色，Laloux 将小型的进攻军队归为红色，包括今天的帮派和恐怖组织。（在那之前有部落，但是并没有被归为一种颜色：可能是因为家务劳动被视为外部活动，而不是组织化社会的一部分——这也反映了对女性劳动的态度。）琥珀色表示农业，国家官僚机构和有组织的宗教。在橙色的范式中，效率和高产首当其冲，伴随着管理的突破，比如目标的突破（此处我会以亚马逊公司为例）。绿色首先是代表责任和价值观，如赋权。

麦肯锡公司对价值观的强调和 NASA 对体系的强调，恰好印证了

1.Laloux, F. (2014) *Reinventing Organizations*, Nelson Parker.

这两家公司都属于绿色的范式。这些组织将它们的价值观作为经营的敲门砖，去追求不凡的抱负。正如 Llewelyn 所说，"正是我们的诚信正直——我们工作的方式，我们对卓越性和开放性的承诺——为我们赢得了公众的信任，确保我们有持续激发灵感和创新的能力。"

除了绿色，还有另一种颜色：蓝绿色，Laloux 将其描述为组织全新的"意识阶段"。他用非常人性化的语言来描述蓝绿色组织：

它们留心谨慎，能够驯服自我的需求和冲动。它们质疑自己的欲望——掌控它们的环境、获得成功、保持光鲜亮丽，甚至是完成好工作的欲望。它们拒绝恐惧，倾听他人的智慧，倾听内心深处。它们构建一种相互信任和知足常乐的伦理观。它们将诚信作为内在的标尺，为决策制定打下基础。[1]

相较于麦肯锡公司和 NASA 所展现出的抱负水平——在商业和太空探索的竞争世界中，这被视为理所当然的理想特质——两者对比明显。蓝绿色组织对完成好工作的愿望持怀疑态度：这样的观点源于它们意识到有许多不实际的社会改良家，由于无法充分了解一个情况，或者无法悉心倾听受变化影响的需求和意愿，最后引发危害。相比于弄巧成拙去做好事，蓝绿色组织或许会授权他人去实现它们的目标，争取不做任何会造成危害的事情。

麦肯锡公司强调的是"杰出"人士所带来的企业利益，鼓励异议，但最终要响应客户的需求，是一个"倾听型"的蓝绿色组织。这对于诚信正直的概念是另一种完全不同的态度：没有正反观点的假设，没

1.Frederic Laloux "The Future of Management is Teal"，Strategy+Business, 6 July 2015.http://www.strategy-business.com/article/00344?gko=10921.

有自我斗争。对差异性保持信任和开放，而不是罗列组织的价值观。

这种对多元性的认同是任何组织保持诚信正直的关键。这意味着在决策过程中会有不确定性，同时伴随着一定程度的不适。这也可能更加低效：决策需要花费更长的时间。但这种低效会影响到什么？当然不会是往常的业务：对于蓝绿色组织来说，不引发危害的愿望比对生产力的追求（这往往会损害人类和地球）更为强烈。

作为一名思想领袖，Suzanne Stein 也意识到这种从生产力到无害性的转移，她是多伦多 OCAD 大学战略远见与创新专业的副教授，并担任超普实验室（Super Ordinary Lab）的主任，她写道：

> 20 世纪，在西方地区意识形态的支持下，个人自由的理念引领了大部分的变革行为；现在，这种观点可能正在改变。我们正目睹在公共空间释放这些自由的恶性影响。自相矛盾的是，当我们每个人单独行使集体自由时，我们限制了集体自由。相比于"向善的自由"，"免受危害的自由"或许才可以确保一个社会的凝聚力，使我们能够应对和缓解环环相扣的经济和环境挑战。

Stein 认为，成为一个"具有凝聚力和支持性的社会集体"是前进的方向。这意味着我们要超越单一个人和单一组织的成功，思考我们如何一起以更加"诚信正直"的方式实现良性的改变。我们需要拓宽思路，考虑每个行动带来的影响和好处，而不是只看到问题本身，只关注结果单一的解决方案。讽刺的是，通过采取一种不那么单一、集中的方法，我们或许会挖掘一些"效率"，在一个领域的改变可能会一举多得。

例如，通过解决心理健康和酗酒问题，我们可以带领社区和个人——包括遭受创伤后应激障碍的退伍军人和幸存于家庭霸凌的妇女——进入积极的社会变革运动。[1]

Stein 希望这种方式能够克服"通过两极分化的观点和唯我论的信息过滤，强化自我和他人的区别"这个问题。与 Laloux 的蓝绿色组织所表达的谨慎相呼应，她对根植于辩论和异见文化中的自我意识存有戒心。

传感组织

我之前说过，组织中的诚信正直代表了一种支持性的文化，给人们带来强烈的价值观念和质疑集体决策的思维模式——以观察、测试和学习来指导每一个行动。这意味着不仅要对内，也要对外倾听，对外部需求和环境保持高度敏锐。

Laloux 确定了 3 个因素，将蓝绿色组织的实践行为与其他价值导向的组织区分开来。第三个因素是"渐进的目标"：在不断变化的环境中适应不断变化的需求，而不是追求固定的组织目标。"能够感知和响应的敏捷实践取代了计划、预算、目标和激励机制的机械做法。"

其他两个区分因素同样支持这种方法。第一个因素是自我管理的团队，在这个团队中，权力镶嵌于同伴关系中，而不是集中于高层。没有它，员工就没有自由去快速响应他们感知到的需求。权力分散可以推动整个组织的人去积极参与共同的目标。在实现这一目标的过程中，他们所发挥的作用不是由他人设定；而是要求他们明白在何处可以施展自己的技能和经验。

1.Suzanne Stein，"A greater form of freedom"，The Futures Centre，10 May 2016. http://www.the-futurescentre.org/articles/7502/opinion-greater-form-freedom.

第二个区分因素是蓝绿色组织的"号召人们找回内在的完整性"。能够灵活地决定做什么和怎么做，只有在诚信正直的文化中才有效；否则，组织将面临优柔寡断或屈从于自私冲动的风险。而有了诚信正直的文化，无论员工探索了多少条不同的路径，公司都可以一直朝着一个共同的目标前进。

有哪些组织是典型的蓝绿色范式？ Laloux 为我们指出了 Buurtzor，这是起源于荷兰的一种医疗模式，当下，美国的明尼苏达州也在复制这种模式。创建该模式的团队仅仅只有 4 名护士，他们相信如果对病人的需求有全面的监管，就可以提供更高的护理水准。现有的体系还无法提供这种监管：病人按小时支付护理费用，遇到各种低薪的护理人员（有时一个月超过 30 人！），零零散散地完成工作任务。护士没有机会倾听病人的需求，充分运用他们的经验和技能。

相反，Buurtzorg 的创始人 Jos de Blok 创建了一种模式，让技术娴熟的护士在一个不超过 12 人的团队里工作，他们在拥有 15000 个居民的社区中，与全科医生、社工、物理治疗师、精神科护士和非正式护理人员（Buurtzorg 对"社区护理"的称谓）等专业医护人员密切合作。Buurtzorg 的团队照料着晚期病人，术后刚出院的人，有慢性疾病和／或痴呆的人，以及容易患病的人。正如 de Blok 所描述的，他们的愿景是：

这些团队将对患者负责，并能够自主提供尽可能最好的治疗。这将是一个没有管理、低开销成本的组织，这样资金就可以用在病人和他们的护士身上，以更低的成本获得更高的质量，而所有的这一切，都由创新的 IT 系统提供支持。[1]

de Blok 说，这个基于网络的系统可以让护士找到所有想要的信息，与同事分享自己的见解和专业知识，这使团队能够像一个自给自足的社区一样运作。管理的缺失既是一种成本节约，也是一种加强病人和护士关系的手段；后者可以在各种情况下成为"专家"，仔细倾听患者的需求，并监控他们的进展：

每个病人都有自己的个人指导。护士们在每周例会上讨论患者，讨论与他人的合作，以及他们的组织工作。团队中没有领导者；他们在意见一致的基础上开展工作。每个人都必须承担责任。

这种模式奏效了：Buurtzorg 成为荷兰发展最快的组织，连续三年获得"年度雇主"称号。2011 年，该组织拥有 3300 名护士，而后勤部门却只有 20 名员工。成本节约的成效显著：安永会计师事务所在 2010 年的一项研究中发现，Buurtzorg 每个客户的平均成本比其他家庭护理组织少了 40%。[2]

Buurtzorg 在提供服务和商业模式上是否具有创新性？我的回答是肯定的。这并不是在发明家博览会上可以赢得一席之地的创新，但这种创新智能地响应了人们的需求，实现了质量的保证。虽然有质量控制系统，但它是不断发展的，由护士带动其成长，而不是强加在他们

1.Jos de Blok and Michele Kimball "Buurtzorg Nederland: Nurses Leading the Way!", The Journal, 2013. http://journal.aarpinternational.org/a/b/2013/06/Buurtzorg-Nederland-Nurses-Leading-the-Way.

2.Jos de Blok "Buurtzorg Nederland: a new perspective on elder care in the Netherlands", The Journal, 2011.http://omahasystem.org/AARPTheJournal_Summer2011_deBlok.pdf.

身上。

支持意识决策的工具

一个组织如何从等级决策的文化转变为更加分散化的模式，共担责任并且允许员工开创新的道路？步骤之一是要鼓励员工对自己的选择和行为动机采取谨慎的态度。这就把我们带入了诚信正直的运作方式：你的意识帮助你驾驭自己的经验，为你的决定注入更多的考虑和更强的信念。

相比于一刀切的辩论文化，基于必须做出合理决策的防御性思维，各种各样的工具开始涌现，帮助人们留意他们的选择，他们改变境况的能力，以及他们在改变过程中可以贡献的力量。对资源的广泛收集可以用于"增强做出意识决策的能力"。我在第一章提到的澳大利亚组织圣卢克就在网上免费开发和共享这些资源。这有助于把弱势儿童、年轻人、成年人和家庭，与他们的社区更紧密地连接在一起，并为其奉献力量。

这些资源包括为教师、教练、社会工作者、辅导员、心理学家和治疗专家所设计的卡片和小册子，用于儿童发展，指导专业团队或帮助人们通过心理健康的挑战。卡片上有插图，并作为一种可视化的提示，帮助客户探讨他们的经验，并明确他们可以用于改变现状的优势和资源。其目的是帮助人们探究他们急于直接回答的一些问题，比如他们想多做些什么，他们会有什么不同的作为，他们未来的目标是什么，他们对自己的进展有什么看法。

每张卡片都说明了一种思维构架或个人品质。例如，一套卡片中有一张图画着断翅的鸡过马路：指明这可以是一种表达"战斗不息"或"觉得自己拥有适应能力"的方式。这种情感素养是走向控制局面的一步。通过识别你的感觉，你可以将其具象化——也可以选择它们在你的行动和决策中所发挥的作用。

另一套卡片利用动植物的生存能力，为人们提供如何面对挑战的建议。一个关于转型的比喻是毛毛虫蜕变为蝴蝶：这如何启发人们思考自己成长和发展的潜力？或者一个向日葵朝阳的画面是如何帮助人们探索应对动态环境的新方法？[1]

第三套卡片是"畅谈我们的优势"，旨在帮助团队领悟跨文化的优势，并借鉴了土著和托雷斯海峡岛民社区的例子。卡片强调任何文化都存在多样性：每一张卡片由多个图像拼贴构成，展示如"我们的英雄"，"我们的颜色"和"我们的土地"等元素。团队可以运用它们鼓励个人认识和接受多样性，也可以用来探讨不同方法背后的故事和缘由。[2]

所有这些资源都贯穿着一个共同的特性和重要的设计原则，即他们的"优势做法"。正如圣卢克的网站所解释的：

> 在实践中，"优势做法"是一种与他人共处和合作的方式，它十分看重每个人内在固有的优势，以及在此过程中可以发展的优势。它关注的是可行的做法，而不是难题和缺陷。

对优势的聚焦是一种赋权：它将人从被动的思维模式引领到主动的思维模式中。它鼓励人们把自己视为特工，拥有能力影响事情的走

1.http://innovativeresources.org/counsellors/.

2.http://innovativeresources.org/resources/books/strengths—approach/.

向，而不是认为自己是逆境的受害者。识别优势是运用这种思维方式的第一步：当你能够明确自己拥有的优势，你便可以选择利用哪些优势。这样，优势做法就可以让人们更加了解自己的选择和决定。

优势做法也可以改变一个团队的力量平衡。例如，在健康专家和客户的联系中，它将对话重点从需要修正的缺陷转向能够调动的能力。此外，客户在确定自己优势的同时，也将"专家"的标签从行医人员转移到自己身上：他们掌握着理解自己处境的关键，通过这一点，他们就有自主的能力去改变它。

所见与所得

有什么比情感的表达更重要？我相信是对情感的观察，以及拥有更深入的认识，辅助人们发挥更强大的自主能力。

人们如何识别和表达他们的情感，这在不同的文化中截然不同。虽然欧美文化倾向于将情感表达视为加深社会交往的一种手段，但在中日文化中，人们往往认为情感表达会阻碍关系的建立。临床心理学教授 Jose Soto 主导的一项研究证实了这一点。

美国宾夕法尼亚大学的 Jose Soto 对 71 名欧洲裔美国学生和 100 名来自中国香港的学生进行了调查，询问他们情绪表达压抑、生活满意度和抑郁情绪的情况。一项适度分析显示，情绪表达压抑与欧美人的不良心理功能有关，但中国的参与者并非如此。例如，对于中国香港人，压抑个人情绪被视为一种适应他人、促进互动的方法。这种抑制不一定是负面的：它不是抑郁的征兆，也不会造成任何伤害。[1]

在西方组织中，情绪压抑也很常见，主要是由于人们希望把自己的"私人"生活和担忧留在家里。情绪被纵容，是因为情绪被视为推动经济生产力的一种方式。例如，从事服务性工作的人（如酒店员工和咖啡师）可能会被要求面带微笑，并与客人热情互动；由于认识到其经济价值，这被称为"情绪劳动"。相反，护理人员和专业医疗人员要在极度费神的环境下管理他们的情绪。[2]

然而，专业领域和私人领域之间的界限正在崩塌，在某些情况下，这提供了一个机会增强我们做出意识决策的能力。

驱动这种变化的一个因素是社交媒体对共享文化的影响：我们适合展现什么，又期望什么？在不久之前，只有被杂志或纪录片介绍的名人和怪人可以展示他们的生活。现在，我们都有机会展现自己的日常经历——也同时承受着社会压力。结果可能会尴尬地处于表达和表演之间。我们所展示的并不总是个人生活的真实体现，开放与诚信正直并没有关系。

在社交媒体上，现实与表象之间的差距已是众所周知，但这并没有减少我们关注他人生活片段的兴趣。我们不仅以这种方式体验他人

1.Soto, J., Perez, C., Kim, Y.H., Lee, E., &Minnick, M. (2011). "Is expressive suppression always associated with poorer psychological functioning? A cross—cultural comparison between European Americans and Hong Kong Chinese", *Emotion*, 11(6), 1450 - 1455.http://www.ncbi.nlm.nih.gov/pubmed/21707152.
2.Lloyd C.Harris "The Emotional Labour of Barristers: An Exploration of Emotional Labour By Status Professionals", *Journal of Management Studies*, Vol.39, pp.553 - 584, 2002.http://papers.ssrn.com/sol3/papers.cfm?abstract_id=313500.

的生活，有时候还会把这种间接的体验置于自己的生活之上，并修饰自己的行为和经历，展现出我们希望别人看到的样子。总之，我们把自己经营成别人期待的模样。

但是，除了社交媒体的自恋和隐私窥探，还有一个打破常规的机会。分享经历的行为和态度本身就代表了一种挑战，促使别人对比自己的观点，甚至可能质疑观点背后的设想。分享也是呼吁大家接受差异性。社交媒体提供了一个分享想法的平台，超越一个组织的既定议程，超越一个人的职业形象；它鼓励人们去广泛地关注彼此的兴趣和特性。因此，虽然它会简化经历，但也证实了经历的价值，并帮助亚文化获得关注和成长。

宣告的时机已到

对我们所有人来说，这是一个"宣告"的时代。我们公开自己的身份和信念，这种做法越发显著地影响了他人的态度和行为。在英国工党选择 Naz Shah 作为其在布拉德福德席位的候选人之后，她在网络杂志《城市回声》上叙述了自己的生活：

当我 6 岁的时候，我父亲与邻居 16 岁的女儿私奔，抛弃了我的母亲和两个年幼的孩子，母亲那时还怀着第三胎。我记得我被扔进一辆出租车的后座里，旁边的黑色垃圾袋塞满了我们的东西……在接下来的几年里，我们实在看不到黑色垃圾袋的尽头，从一个脏乱的地方搬到另一个脏乱的地方，不到 2 年的时间里搬了 14 次，从厕所在屋外的背靠背住宅，到老鼠出没的潮湿房子，我们吃睡都在一个房间里……我的母亲试图给她的孩子提供一个家的安全感，付出的代价是遭受他的凌虐……经过多年的抗抑郁治疗和自杀未遂，穷困潦倒的她深感绝望，最后终于爆发，杀死了那个虐待她的男人。[1]

政治评论员 Suzanne Moore 在《卫报》上写道，要号召更多女性投票，正是需要这种分享："我们需要的政治，是可以谈论日常的生存经历，谈论你觉得自己难以拥有发言权或选择权，更不用说投票权了，谈论自己能受到参政人员的理解。"Moore 认为，分享个人经历可以激发团结精神，这种效果是公民赋权的关键起步。如果我们对公众承诺改变，我们更有可能实现它。

例如，在对 LGBT 群体（女同性恋，男同性恋，双性恋，变性人）权利的态度转变上，社交媒体所产生的影响。2010 年，在两个美国少年因受到欺凌自杀后，网上的 It Gets Better 项目号召人们发布支持 LGBT 青少年的视频。在过去三年里，YouTube 上有 5 万个视频的分享，其中包括美国总统 Barack Obama 和前国务卿 Hillary Clinton 的视频。2012 年，应用程序（如 Amicus）被用于竞选活动中，帮助支持者找到彼此，并联系到其他潜在的支持者——这仅需要从社交媒体提取数据即可。[2]

这里还有比确定支持者身份更有影响力的事：我们看到人们希望在社交媒体上有出色的"表现"，这实际上也影响了公众舆论，并推

1.Naz Shah "Exclusive to Urban Echo—Bradford West Labour candidate Naz Shah reveals all",*Urban Echo*, 8 March 2015.http://urban-echo.co.uk/exclusive-bradford-west-labour-candidatenaz-shah-reveals-all/.

2.Esther Glasionov, Rita Hage, Luke Stevenson and Madeline Tallman "Finding a Voice through Social Media: the LGBT Community", The Salzburg Academy on Media & Global Change.http://www.salzburg.umd.edu/unesco/social-media-and-lgbt-community.

动更多的人加入公民的行动中。这通常被称为"道德信号的释放"。正如 Luke O'Neil 在《时尚先生》杂志中所写：

> 公民的参与并不是对年轻人的回馈，只是被理解为公民化的参与……这在一定程度上可以归结为"社会期望的偏见"——人们倾向于以一种让自己在人前体面的方式回答观点类的问题（大致来说，这是一种潮流）。

O'Neil 指的是加州大学圣地亚哥分校在《自然》杂志上发表的一项研究，在 2010 年美国国会选举当天，超过 6000 万人在 Facebook 动态消息的顶部看到一条推送，提示他们分享"今天是选举日"的字样，以及在投票之后就会出现的"我已投票"按钮。它链接到当地的投票站和一个计数器，上面显示有多少人表示他们已经投票，还显示最多 6 个该用户已经投票的好友图像。研究发现，收到这条信息的用户比其他人（对照组）更有可能搜索投票点，并发布他们已经投票的消息。

这似乎是颠倒的：你首先投票赞成改变，之后再决定接受改变。但这个经验很有效：表达团结是建立共同基础的第一步。例如，英国电影《骄傲》就极力展现了这一点，这部电影根据一群男女同性恋活动家的"真实故事"改编，讲述他们筹集资金支持 1984 年的罢工矿工。电影的开始是一位年轻人站在街上为他工作的 LGBT 书店进行募捐，却遭到路人的凌辱。后来，当他看到新闻上罢工的矿工们，他突然意识到他们与同性恋群体的遭遇一样，面临着同样的社会耻辱和排斥。他决定团结起来，召集他的同事和朋友们成立运动组织，名为同性恋者支持矿工。他们为威尔士的一个小镇筹款，那里的矿工家庭正遭受收入的损失。

在发起这项运动之前，矿工和 LGBT 群体的权利之间并没有明显或公认的共同点，双方还有很多人给出不信任的回应。但活动家们继续为罢工工人的家庭筹集 2 万英镑，举行大型的活动，如在伦敦卡姆登镇开办"矿井与堕落者"筹款演唱会。这场演出的名称明显是引用小报《太阳报》上一篇谴责性文章的标题，活动家们欣然接受，并把它变为自己所用。这符合他们扰乱和挑战公众舆论的原则之一，那就是在毫不留情的辱骂之前依然富有活力："接受他们对你的称呼。"

在某些方面，人们也"接受"他们在社交媒体上点赞或分享的帖子。你点击按钮。你在竞选活动上签字。你随之参与活动。你思考你正在支持什么。这是一种迎合公共认同的方式。但正如电影《骄傲》所示，这种行为可能是诚信正直自身的体现——是斗争的召唤。

创新性的纽带

公众展现诚信正直的趋势将如何影响组织？组织也需要在社交媒体上现身，并迎合这种趋势。消费者很快就意识到，将投诉公布于众，就可以让公司遵守他们的客户服务要求。他们还希望组织在社交媒体上更加人性化——揭示隐藏在企业品牌光环下的东西。

Chris Brown 是英国领英人才解决方案团队的主管，他向英国《金融时报》表示，企业需要"真实可信"，才可以吸引顶级员工，尤其是对于社交媒体，他建议企业"发布反映组织工作情况的内容"。[1] 结果却是讽刺，许多人开发了复杂的社交媒体策略，确保只展露他们符

1.Janina Conboye "To attract top talent, it pays to have an authentic and transparent conversation",*Financial Times*, 9 March 2015.http://www.ft.com/cms/s/0/39d70292-bb54-11e4-b95c-00144feab7de.html#ixzz3zYauA8zn.

合人意的方面。然而，中央所握有的话语权正在被数字工具所掠夺。据未来中心网站报道，一波新的供应链透明度工具正在兴起，利用人们对手机无处不在的使用，让员工成为见证人。[1]其中之一是来自Good World Solutions 的 Laborlink 工具，该工具通过短信调查，收集工作满意度、无薪加班和工作场所安全等问题的相关数据。在包括孟加拉国、柬埔寨、土耳其、墨西哥和秘鲁在内的 16 个国家中，超过 40万名的员工通过他们的手机连接这个工具。它被用来识别未经授权的分包合约和剥削性的雇佣行为：品牌拒绝透露产品的供应商，员工的匿名调查就可以确认出这些厂商（如在印度的服装厂）。这些工具也为想要了解供应商信息的公司提供支持——例如，评估其培训项目的成效，或者在终端员工和中央管理层之间开辟新的沟通渠道。

正如一个人的诚信正直在于承认对他人和资源的依赖，一个组织也必须认可，并对其供应和分销链的所有贡献者负责。许多组织发现，与员工、供应商和买家建立更紧密的连接，并多加考虑他们所用材料和资源的来源，会为他们指明创新的途径。

基础的重要性

让我带你去雅典看看。2015 年 11 月：白天是阳光明媚，夜晚是喧闹的咖啡馆。我听说满是涂鸦的街道曾经开着许多商店。这是一个经济紧缩的时期。护发产品销量下降 22%。香水下降了 8.8%。我在那

1.Ben Irvine "Transparency tools go directly to workers on their mobiles"，*The Futures Centre*，1 December 2015.http://thefuturescentre.org/signals-of-change/5053/transparency-tools-godirectly-workers-their-mobiles.

里参加了一场探讨希腊美容业创新的会议，一整天下来，我听到了各种希腊创新企业在海外拓展业务和人脉的事迹。一个是 Fresh Line，这是一家相对较新的公司，主攻高质量的源头材料。该公司利用希腊扎金索斯岛上开发的传统自然疗法，使用当地草药和创始人家族代代相传的配方。它的第一家店于 1993 年开业，现在已经遍布俄罗斯、中国香港和中国台湾。

另一个是 Apivita，成立于 1972 年，当时有几个药剂师——其中一个养了蜜蜂——受希腊生物多样性的启发，开始试验纯天然蜂蜜和基于草药的产品。品牌的名字意指"蜜蜂的生活"，旨在反映"公司的经营理念，就是作为像蜜蜂一样的有机生命体，从未停止创造价值……为社会、为自然环境、为经济"。现在它提供从水疗到个性化医学服务的全套健康管理方案，在日本拥有十家门店。公司网站强调它们的多样性，将其描述为"一个由人、产品、目标、价值、梦想和新努力构成的巨大宇宙，确保持续的发展"。

由于紧密的连接和可持续的资源管理，Apivita 安然渡过了危机。联合创始人兼总裁 Nikos Koutsianas 说，你需要"与周围的环境和人保持平衡，去创新、设想和执行"。他的目标是"生产实用产品，而不是只为了卖、卖、卖的产品"。我们必须关注公共利益，而不仅仅是盈利"。

现在让我们来看看菲律宾，这个岛国的沿海社区深刻意识到，他们的健康和经济依存于海洋的健康发展。达纳琼海岸是世界上仅有的6 个双障壁礁所在地之一，是全球海洋生物多样性的摇篮，也是 40 个以捕鱼为生的海岛社区的家园。但多年的过度捕捞和污染严重破坏了生态系统，这意味着可供捕捞的鱼类数量骤降。用于捕杀鱼类的废弃尼龙渔网被丢在海里，任其腐烂，更加剧了这个问题。

这样的环境和经济危机孕育出非凡的创新：岛民们正在从海滩上，从渔民手中收集废弃的渔网，作为有用的原材料卖回到全球供应链中。它们被循环制作成好看耐用的地毯瓷砖。（如果它们能在海里待上600年，那么在脚底下也会安然无恙！）名为Net-Works的项目就是由地毯制造商Interface公司和伦敦动物学会（ZSL）合作完成。对于Interface公司来说，这种方法让其不再使用石油化工原料，转向100%循环利用或生物型的原料。找到优质尼龙聚合物的供应被视为一个挑战，而废弃的尼龙网为其提供了解决方案。在菲律宾获得成功后，一个新的收集点正在喀麦隆试运行。

该项目由ZSL监督，确保运营模式对社区和海洋生态系统都有恢复作用。其目标不是只做一次性的海滩和海洋清理，而是以废物再利用为基础，创造稳定的收益和产业，通过提供额外的收入，支撑不断下降的渔业收益。有些社区甚至将资金再投资于新的项目，比如海藻养殖。

创始人Ray Anderson在读完Paul Hawken所著的《商业生态学》后，开始推动Interface公司对供应链的密切关注。这本书出版于1993年，被誉为首个对商业的生态分析。Hawken提出了一个问题：一个涉及全球数百万人的复杂商业系统，如何能"尽可能地减少挫折"？同时他提出以恢复性的方式运营企业的愿景。这不仅意味着减少碳排放和自然资源的使用，还意味着提供稳定、有意义的就业。鉴于此，Hawken认为，企业需要自我组织，而不是被管制或道德命令。

森林计算法

许多组织现在面临的挑战，是由像 Ray Anderson 这样的领导规定明确的道德准则，转变为分散化的模式——在这个模式中，员工和运营流程都可以像生态系统一样自我调节。这是作家兼生物学家 Janine Benyus 与 Interface 公司合力应对的挑战，主要通过一个名为"森林工厂"的试点规划项目。Benyus 希望这个项目不仅只是拥有一个比喻性的名称，而是可以量化思维，使用生态性能标准（EPS）：企业可以提供什么样的生态系统服务？它如何支持蓄水、营养循环和授粉？

公司能够提供良好的生活和工作场所，这是一回事，但是它们能以生态系统服务的形式回馈和改善社区环境吗？一个工厂能像地区生态系统一样清洁大量的空气和水吗？它可以竭尽所能吸收碳、循环营养、减缓洪水和培育肥沃土壤吗？[1]

这基于对自然资源所提供的经济价值进行计算。正如自然资本联盟所言：

每年，地球上繁杂的陆地和水系统——一种自然的生态基础设施——产生价值高达 72 万亿美元的免费物资和服务，这对全球经济的良好运转至关重要。虽然衡量这一基础设施的经济价值并非不可能，但这些收益通常不会在市场上交易或出售，因此在企业或政府的财务报表上很难有其对应的估值。

自然资本联盟力图建立一种共性的方法，对这些服务进行计算，

1.Bart King "Can a carpet factory run like a forest?"，*GreenBiz*，12 June 2015. https://www.greenbiz.com/article/can-carpet-factory-run-forest.

这可以说是商业经济诚信的关键。这不应该被视为一个僵化的、侵犯组织创新自由的体系，而是作为一个共同的价值体系——就像是一种摆脱术语的语言——使组织能够更好地理解它们所依存的关系，从而找到充实关系的方法。因为我们的诚信正直取决于我们对责任范围和本质的理解能力。否则，我们就欺骗了我们所依赖的体系。

当然，有时候，人们和组织会故意欺骗这个体系。为什么？是因为我们道德发展的程度吗？还是因为我们对潜在风险和收益的理性评估？或者是因为我们希望自己的欲望在某种程度上被感知？总部设在伦敦的文化智能组织 Counterpoint 说，无论想要欺骗的理由是什么，我们的环境会影响我们是否真的这样做。例如，如果我们的行为是可以被看见和观察到的，我们就不太可能这样做，除非这种欺骗可以被宽恕。

Counterpoint 将大众汽车丑闻作为此举的一个例子。2015 年，这家德国汽车制造商被发现安装了作弊软件，用于操控排放测试的结果。在这样的情况下，最终的决策者（首席执行官）与这种欺骗撇清关系，公众也无法知晓。Counterpoint 解释道：

> 谎言被"分离"并移植到软件中：是机器在撒谎。而（被操控的）结果是经过一长串的人工和机器计算的。这很难去查明责任归属。如果作弊是全程精心设计的一部分，那么它就不再是一种道德选择了……

关于此事在媒体上的讨论，Counterpoint 把注意力集中在语言的细微差别上——进一步举证了对决策责任的逃脱。德国媒体谈到了操纵——该词在工程领域也是用于形容手工的调整——英美的报道都使用了"欺骗"这个词，它暗示着一种道德审判，而且与说谎密不可分：是对事实的一种亵渎。

这要花费多少成本？2016 年初，大众汽车看上去不得不支付高达 460 亿美元的诉讼费用。但社会的成本是什么——是汽车制造商赖以生存的运营体系吗？一个来自麻省理工学院的研究团队试图为此加上一个数字。它们查明出售的涉及车辆数，估算它们的排放量，并模拟其过量排放对空气质量的影响。麻省理工学院航空工程教授、该项研究的主要作者 Steven Barrett 对《华尔街日报》表示，自 2008 年以来，涉及车辆行驶了约 405 亿公里。这些排放所引发的过早死亡人数可能高达 150 人，也可能低至 10 人，研究人员说，在巅峰值，这将花费 12 亿美元。他们估计，这一数字将处于中间水平：59 例过早死亡，31 例慢性支气管炎，34 例住院，12 万天的活动受限——包括失去的工作天数——21 万天遭受下呼吸道疾病，3.3 万天增加哮喘吸入剂的使用，总计达 4.5 亿美元。

研究人员说，给这些成本设定一个数字是极为重要的，因为违反规定的惩罚必须超过违反行为的社会成本。然而，他们并没有估计过量排放对气候的影响，以及随之产生的人类健康风险。这说明，对于我们的行为所产生的全部系统成本，我们的理解和衡量能力还不够成熟。[1]

关于信任和团队合作

适当的罚款是对欺骗的一种遏制；问责制是另一种方法。消费者

---

1. Jo Craven McGinty "How to Calculate the Costs to Society of the VW Scandal"，*The Wall Street Journal*，8 January 2016. http://www.wsj.com/articles/how-to-calculate-the-costs-to-society-of-the-vw-scandal-1452269878.

对后者的要求越来越高，并期望获得企业供应链的相关信息，以确保产品符合劳工、动物保护、健康和环境影响等方面的标准。2015 年，加州针对好市多等公司提起了一连串诉讼，目的是让它们对阻止其供应链中出现的人口贩卖和奴役行为负责。这些集体诉讼依据加利福尼亚供应链透明度法案，要求大批零售和制造公司在网站上公开它们是如何帮助根除供应商中的贩运和奴役行为。在曝光泰国虾业的奴役行为之后，其中的许多供应商被起诉。

除了法律之外，强化问责制的措施还包括对检举人的保护到数字监控工具的使用。但是，信息共享的规定和架构不一定能够提供可靠的信息披露——正如大众汽车的案例所示。消费者也正在意识到这一点：与其等待企业公开，倒不如开发自己的工具来获取想要的答案。

其中一个工具是名为"污染"的应用软件，该应用追踪了中国各地 1.5 万家工厂的情况，并根据它们产生的颗粒物排放量和对当地空气质量的危害程度进行排名。这些信息每小时更新一次，可以在社交媒体上标记，并时常与当地环境机构共享。中国还有很多其他的空气质量应用程序，比如中国空气质量和中国空气质量指数。但"污染"是第一个将责任归咎于特定行业并在全国范围内公布的应用。

即使一个组织全力追求共享，并创建了相关措施，文化依然是关键的问题。我在本章前面的部分介绍过 NASA 的科学诚信体系。这份出色的体系文件经过严格审查，罗列出数据共享的原则，以此实现信息的自由流通和前后一致的分类标准，同时它鼓励员工通过同行评议期刊、公开演讲等方式，投入公共辩论中。尽管如此，NASA 认识到这个体系只有在"一个基于诚信、道德行为、尊重和坦诚的信任环境中"

才能起到作用。[1]

在 NASA 的四个条件上，我要增加第五个信任基础：团队合作。信任是通过诚信和尊重建立起来的，这也是必要的：我们认识到我们的共事是作为共同努力的一部分，因此这是共存的。监督行为和保护举报人是一回事，然而，创建一个可以坦率提出质疑的环境，又完全是另外一回事——没有背后中伤和亚马逊员工经历的泪水。毕竟，防止冲突的发生并不等同于是一个探索差异性的安全空间：这需要一种信任的文化——在这种文化中，人们能够提出不安的困扰，坦诚面对不顺利的事情，在需要的时候请求额外支援。

在信任的环境下，质疑不是破坏，而是重申对共同目标的责任感。每个人都互相挑战，共同努力实现这些目标。维持这种诚信正直包括要放下"装门面"的孤立姿态，如"出勤主义"：无的放矢地参加工作。

2015～2016 赛季，莱斯特城足球俱乐部取得了巨大的成功。评论员们毫不质疑球员的素质，但还有两个因素非常突出：团队合作和信任。

"强大的团结精神……帮助他们在 2014～2015 赛季的 9 场比赛中赢了 7 场。" Paul Hayward 在《每日电讯报》上写道，"丢下任何一个球员都是对他们集体努力的侮辱。"[2]

评论家将这种"团结精神"归因于一套非常清晰的战术，这意味

1. http://www.nasa.gov/pdf/611201main_NASA_SI_Policy_12_15_11.pdf.

2. Paul Hayward "Leicester's rise is a perfect romance in a league shaped by mega-wealth and could be 'greatest sporting upset ever'", *The Telegraph*, 12 February 2016. http://www.telegraph.co.uk/sport/football/teams/leicester-city/12154505/Leicesters-rise-is-a-perfect-romance-in-a-leagueshaped-by-mega-wealth-and-could-be-greatest-sporting-upset-ever.html.

着每位球员都清楚自己在实行团队策略时所扮演的角色。另一个评论员写道:

> 莱斯特球队成功的关键是他们有一个清晰的理念,每个人都相信并朝着这个方向努力。在这种比赛中取得成功并没有一个固定的方法,但是你必须明确自己的方法是什么……[1]

这种"理念"主要围绕 4-4-2 阵型展开——这是比赛中最常见的阵型之一。关于这个阵型,有三件值得注意的事。一是它的适应性:正如《世界足球》所说, "中场球员和边后卫的角色,尤其会改变球队对防守和进攻的重点分配。"二是对于团队紧密合作的依靠程度。前足球运动员 Danny Murphy 在英国广播公司的节目中所说,我是在4-4-2 阵型中成长起来的,想要它发挥作用,你需要在全场建立起小型的合作关系。[2] 三是中场的核心力量。那么,你可能会说,这样的阵型就是一种为诚信正直和目标所设计的文化。

球队经理 Claudio Ranieri 为球队提供如此清晰和连贯的合作模式,他的明智之举广受好评。但他不是一个独裁者:相反,他对球员的管理方式体现了自由和信任的特征。用他的话说:

> 我和球员们在第一天就约定: "我信任你们。我会时常去阐明一些关于足球的想法,只要你们把一切都交给我"。

他把这种信任延伸到饮食和健身管理方式上,他不需要亲自去

1.Phil Smith "The reasons Leicester City are so good this season…and what Swansea City can learn from them", *Wales Online*, 14 February 2016.http://www.walesonline.co.uk/sport/football/football-news/reasons-leicester-city-good-season-10889857.

2.Danny Murphy "Why Leicester City's seemingly simple tactics work so well", *BBC.com*, 12 February 2016.http://www.bbc.co.uk/sport/football/35553082.

发号施令，球员们本身都非常努力。比较不同的是，他每周给他们整整两天的假期——为他们在球场上积蓄更多的能量。Ranieri 告诉 SportsJoe 的记者：

有时候我们坐在餐桌旁，我惊讶于他们的食量。我从来没见过这么饿的球员！最初的几次我很是诧异，后来我学会微笑以对。他们那么卖力地奔跑，当然可以放开吃。[1]

同时，Ranieri 在许多结构中根植这种自由——无论是在战术上还是球队本身。在联赛的所有经理中，他对球队的变动最少，这意味着他们要互相了解彼此。他用《教父》里的话，开玩笑地形容这种家庭般的紧密关系："永远相信你的老头子。"

虽然名誉领袖能够鼓舞人心，但黑手党的做法也有局限性：在风起云涌的时代，企业需要富有适应力的文化，持续引进新的人才，并重视他们的价值（与亚马逊对人力资源不屑一顾地"使用和抛弃"形成对比）。这是给予他们各施其才、各尽所能的自由，让每个球员在球场上全力发挥他们的技能和优势。

以转型为目标

我在本章开头说过，诚信正直是把自己从预先设定的行为模式中解放出来。那么，想象一下，对于把转变行为方式作为唯一目标的组织来说，这就格外重要！

1.Robert Redmond "Claudio Ranieri reveals the secrets behind Leicester City's success", *SportsJoe*,2016.http://www.sportsjoe.ie/football/claudio-ranieri-reveals-the-secrets-behind-leicester-citys-success/63531.

这就是 17 Triggers 公司面临的情况，该公司的创建理念是"如果可以运用营销手段销售啤酒和香烟，那么也可以用其帮助人们过上更健康、更快乐的生活"。然而，创始人很快意识到，在多重压力下，在复杂的社会体系中，仅靠营销手段不足以挑战根深蒂固的生活方式。所以，现在公司与其"受惠者"共同设计每个项目，让他们能够领会新的举措——在社会、文化和经济各方面。这意味着每一个相关人员都必须了解引导他们行为的价值观和外部影响，以及标新立异的好处，这样他们才能找到持久的改变方法。

美国国际开发署（USAID）资助的项目 Cambodia Harvest 致力于增加当地家庭的粮食产量，该项目引导农民停止使用牛粪作为肥料，因为它会灼伤作物的根部。实地调查显示，目前由农学家给农民提供的培训可能晦涩难懂，而培训人员往往对正确的解决方法表示异议！另外，有时候对农民技术的批评会冒犯到他们。我们需要的是协调一致的培训工具，它能在不引起冒犯的情况下，展示更好的发展方式。

另一个与国际计划组织合作的项目是帮助赞比亚的儿童拥有充足的学校教育时间，以便完成早期学前教育计划，从而提高孩子们参加中学学习、成为社区领导人的概率。但问题是：许多孩子没办法完成早期学前教育。为了解决这个问题，17 Triggers 与来自国际计划组织（赞比亚）、赞比亚教育部和拯救儿童组织的参与者一起举办了一个研讨会，他们发现孩子们没有完成早期学前教育的主要原因之一是志愿者老师经常辞职。

那么，解决办法不是改变孩子们的行为——而是要改变老师的行为。但这也就能够理解他们为什么一开始就会放弃。

公司花费了一些时间评定老师们正在经历的"头疼问题"：有些

人觉得工作太辛苦；其他人觉得没有得到足够的支持。简单的解决方案包括减少教学时间和每月开展培训活动。但也许最重要的是鼓励老师们向赞比亚国际计划组织告知他们的问题，并一起寻找解决办法。这是一种文化上的转变，展现了在工作场所保持诚信正直的潜力，这有助于解决问题，并发掘更好的发展方式。

关键之处在于，要求人们改变其行为并不是要求他们改变自己的信仰或价值观。反之，如果我们希望人们可以实现重大而持久的变革，就必须在各个层面都言之有理。

2.3 好奇心

在吉卜力工作室制作的电影《风起》中，航空工程师崛越二郎梦见了意大利飞机设计师 Giovanni Caproni——吉卜力工作室的名字也由 Caproni 设计的"二战"战机吉卜力（又名沙漠之风）而来。在梦境中，作为崛越二郎的良师益友，Caproni 为其提供了来自另一个时空的启迪。他们的对话都围绕创新的目的。两名设计者都渴望创造美好的事物，寻找飞行中的美。同时，他们用超越美学的角度审视这些创造的价值，包括在战争中的运用。在崛越二郎担心未能控制发明创造可能带来的所有可能后果时，Caproni 以纯粹探索的观点回应道："我们是为了创造而创造。"[1]

这对于梦境的描述是恰当的。探寻事物当下状态外的其他可能存

1.Studio Ghibli (2013), *The Wind Rises* [Film].

在形式是创造的根源。在梦境中，事物很少遵照我们所理解的原因和结果，相反存在着太多的可能性，有时甚至是离奇的。这也是创新的本质——尤其对于一个复杂的自适应的体系。在这样的系统中，无从了解一项新的干预会如何影响全局：你可以运行模型，但必须认清任何一个变革的影响都是多重的、非线性的、可能超出预期的。

为培育创新，任何一个组织都应当具备 Caproni 的精神，即在承认无法预期和控制所有可能后果的情况下依然致力于创新。毕竟，创造出一些新用途可能就是最好的结果。这也构成了当下设计者们的思想源泉：其会以创造性的眼光看待每个材料和结构，思考"我如何赋予它们一个新的生命？"

难道设计者对于那些不可控的后果就不负责任了？当然不是，他们不应将想象局限在实现现有目标上。自己还创造了哪些可能性？会有哪些新影响？这样的反省是好奇心的核心，即在创造机会的同时承担风险。

通往目标的好奇之路

当然，多数设计竞赛或项目都需要先识别某个待解决的问题。这是可以增进好奇文化的重要环节。当存在一个特定的挑战目标时，好奇心意味着，一旦实验失败，你应当反思为什么，而不是就此放弃。James Dyson 在尝试了第 5127 个模型后才取得成功，前后耗时 15 年。当然其他因素也很重要，比如在这条创造的路上他做何感想。2007 年，Dyson 引发了一场关于失败的热烈讨论，他认为学校应当根据学生失败的次数对其进行评价，而不能总是要求他们成功："乐于尝试新事物并且经历了多次失败的孩子可能更富创造性……"[1]

因此，一个热爱创新的组织需要营造一个重视好奇的文化，而不是强调一个集中的视野或是事先确立的志向（就像第三章中讲到的一些公司陷入 Laloux 的"绿色"范式）。这有悖于人们在逻辑上和直觉上的认知，即一个机构应该致力于以最有效的途径达成既定目标。相对于在一个明确的方向上稳步前行，他们现在需要踏上一条完全未知的、不一定会看见更好结果的道路。尽管自由地探索、想象和实践是充满乐趣的，但是结果如何呢？

这正是好奇与目标之间的矛盾关系。Nautilus 的专栏作家 Zach St George 发现，蠕虫的行为可以很好地阐释他的观点，即你永远不知道你今天所学的明天是否会实现：

加利福尼亚索尔克生物科学研究所神经生物学家 Sreekanth Chalasani 指出，他们都是不可救药的乐观主义者。他在秀丽隐杆线虫——一种普遍的仅有毫米长的蛔虫身上做了一个实验，将一只虫放置在一大片细菌（它最爱的食物）之上，周围是潜在的同类。这只虫会怎么做？它离开了这片细菌，试图寻找更多的细菌。按照 Chalasani 说法，"并没有证据表明外面有更多的食物，这已经是你能给它的最好的食物了。这就是所谓的狂热！"[2]

狂热时，就好像你真的知道未来你将面对的挑战。狂热时，就好

1.Chuck Salter, 'Failure doesn't suck' *Fast Company*, 1 May 2007.http://www.fastcompany.com/59549/failure—doesnt—suck.

2.Zach St George, "Curiosity Depends on What You Already Know", *Nautilus*, 25 February 2016.http://nautil.us/issue/33/attraction/curiosity—depends—on—what—you—already—know.

像你确定自己已经有了所有赖以生存的资源。但是从变革和生存的角度看更为有益的是，你不知道什么将到来，为此考虑是否需要借鉴更广泛的建议。正如我们在第二章中提到的，这是创新的真正起点。我们需要在一个快速变化的环境下确立目标，还需要搜寻必要的资源，以应对预期之外的情形。这不是对现有系统的直接加减，我们需要的不是像脂肪、肌肉或者记忆力这样可以辨识的能力。我们的想象力和创造能力需要多种食物的滋养。

为冒险创造空间

由于我们的教育系统、宗教机构或者主流组织很少鼓励漫无目的的探索（更强调专注），因此我们很难了解应当从哪里开始。一个鼓励好奇的文化根基是什么？那我们从其定义开始。2014 年发表在《教育心理》上的一篇综合性文献综述指出：

好奇的核心是对新知识、信息、经历的渴望，或者是化解分歧的、体验未知的欲望（Arnone 和 Grabowsky 1992；Berlyne 1954； Litman 2005）[1]。

上述定义是作者选择的一种折中解释，有一部分理论学家将好奇视为满足求知欲的手段，另一部分则将其定义为一定程度的新奇，既不会引发焦虑，也不会使人感觉无聊。她在定义的引言部分还将好奇与创新明确挂钩：

1.Emily M.Grossnickle， "Disentangling Curiosity：Dimensionality, Definitions, and Distinctions from Interest in Educational Contexts" *Educational Psychology Review*，March 2016，Volume 28,Issue 1， pp.23—60.

在科学、历史或者艺术领域有所突破的人往往不会满足于仅学习那些在特定领域里已得到认可的知识。相反，他们自身对于知识的渴求会将研究和探索引向全新、未知的领域，并在此过程中不断深化理解（Kashdan，2004）。普遍理解的好奇正是指对知识的向往以及探索未知的欲望。

好奇是一种引领我们踏上未知旅途的品格。未知，意味着在任何一张地图上都没有标记——无论是地理的、认知的或者道义的。因此，未知会挑战我们，触碰我们现有的敏感认知，激励我们突破认知的边界。在《风起》的另一个梦境中，崛越二郎发现自己的创造在道德上有所冲突，为此他又一次请教 Caproni。Caproni 问了崛越二郎这样一个问题："你想不想生活在一个金字塔的世界？"

金字塔与飞机设计有什么关系呢？事实上它可以很好地比喻梦的创造性功能。它有诸多象征意义：如文明社会的创立者在顶端，寓意可以通过工程建设激发出我们高于平凡的灵魂；金字塔由奴隶建造，又促使我们反思为创造梦想中的美好事物所应付出的代价。金字塔使我们能自由地想象：仅仅因为在此存在，它们便鼓励我们探索未知的世界。

旅行的意义

设计思想组织 Wheretofromhere？将好奇心反映在组织名称上，同时受启发于古代奇迹，鼓励机构提供创造奇迹的空间。他们相信，我们的经历会带来持久变革的力量，并且经历越有意义、越难忘，影响越深远。该组织不再要求机构思考埃及有关金字塔的伦理谜题，而是鼓励他们去看看另一振奋人心的建筑：吴哥窟。

Wheretofromhere？的联合创始人 Philippe Coullomb 指出，"机构往往倾向于将世界限定在自己所建立的模式上。我们有大约三分之一的时间都花在了重新理解和看待这个世界上。通过探究吴哥窟的起伏，我们创造了一个新的参照框架，以此激发新的思想和行为。"

Wheretofromhere？最近与一家大型的全球金融交易供应商合作，后者意识到一些绕过中间人提供点对点资金转账服务的初创企业的兴起，正对自身的商业模式带来风险。它也清楚，需要创设新的商业模式来提高在线支付的效率。但由于公司尚且运行良好，一些高级决策者对于是否实施变革犹豫不决。结果，公司仅是在现有的核心商业模式上做调整，在已变革的支付前沿地带未有实质的竞争力。

Wheretofromhere？召集这些高级决策者踏上前往吴哥窟的畅想之旅，探寻一个伟大的文明如何兴起和没落。他们邀请了一名历史学家，运用故事、图片和艺术品的形式为讲习班做讲解。庞大的高棉式建筑带动了成员的思想畅游。此外，讲习班的场景被布置得如电影院一般，以期带领成员走出生产力的思想囚牢，进入梦想的世界。

旅行结束后，Wheretofromhere？腾留一段时间供团队成员反思和提问。据 Coullomb 回忆，销售部门的负责人表示自己未看到吴哥窟的没落与自己所从事的金融交易业务存在任何关联。但遭到了一名同事的直接反驳，后者抨击了自满的极端危险性，指出：如果你想避免被落下，那么就应当对变革保持清醒，并且努力调整以适应它。

第二天，Wheretofromhere？从当地邀请了十名企业家加入所谓的黑客马拉松中。每一组成员都与两名企业家配对，共同研究一种商业模式，确保能在未来 5 年内将自己的企业挤出业界。据 Coullomb 回忆，由于在前一天这些高级决策者实则已承认企业可能溃败的事实，因此都欣然接受了这一任务，并且着手寻找目前企业运营的替代之道。他还表示：

"在讲习班创造这么一个空间并不难：我们拥有这样的空间，也可以训练其领导者。问题是这些机构如何把这个空间——新的参照框架——带回去。"

我们所做的选择取决于对周遭世界的理解。探访吴哥窟这样历史的、也具梦幻色彩的胜地的意义在于，其不但真实到存在类似的人和资源相关的问题，也神秘到可以激发人们去做社会政治、经济、工业和农业相关的设想。这也是Wheretofromhere？所从事事业背后的逻辑：如果你可以改变人们思维过程所基于的语言和框架体系，你就可以同时改变他们的行为方式。正如Coullomb所言：

我们相信，设计一些无形的活动，运用标志、比喻和情感触发器，可以显著影响人们改变的能力。[1]

做有助于全新思考的设计

我们所处的环境往往会强化我们的假定：柜员机和银行设施的存在强化了货币体系，董事会办公室的存在强化了董事会的职能，墙的存在强化了组织机构的边界。很难在一个强化了假定的环境下质疑这个假定。但是如果你换一个地方，就有可能改变现有的思维模式。在工作之余与同事——共进午餐、共同享用茶歇，共同冒险或娱乐的好处已经得到广泛认可，但能否在工作中也实现相同效果？一个机构能

1.Interview with the author.

否对工作环境做小幅调整就对文化带来显著和持久的影响？

Coullomb 描述了另一个与 Capgemini 创新团队合作的项目，其正考虑如何设计在巴黎的办公室。团队面临着一个挑战：他们想创造一个空间来激发访客和客户重新思考自己的生活，这个空间应当可以在其走出电梯的瞬间就得到一个强烈的信号，即在这个地方的经历会完全超出预期，会颠覆此前所有的假定。但是这个空间是在一个 800 平方米的地下室，中间隔着一堵巨大的防火墙，有一台小型的钢琴，一些绿植和石头，还有微弱的光线。

Wheretofromhere？召集团队成员、咨询顾问、顾客开展了为期 3 天、有关新空间设计的工作会。Coullomb 指出：

鉴于我们合作的是一群欲将一切拆分的设计师，所以我们提出了 3 只猫的概念：三种考虑问题的方式。假设你有一只真实的猫，蜷缩在沙发上；有猫的一些身体部位，如骨头、肌肉、胡须和爪子；此外还有一只象征性的猫，寓意优雅、傲慢等。你可以以相同方式看待这个设计空间。即你有一个真实的场所：一间毛坯办公室；有一些设施：如墙壁、地板、很少几扇窗户；最后你还有一个象征性空间：一个变革培育中心。

3 天的工作会以一系列实地走访开始：成员被分配成不同组，分别走访巴黎的不同场所，同时思考这些实体设施是如何给来访者留下印象、影响其情绪的。

其中有一组前往了巴黎的主体育馆 Stade de France，探访其运作机制和后勤保障为何能灵活到今天举办麦当娜的演唱会、明天举行英式橄榄球赛、后天组织农产品展览会。还有一组人马前往 SPA 馆，探寻这样一个场所为何能瞬间带来美好和放松。另外一组则深入麦当劳的一家"实验室"——诞生于 La Defense 商业区的一个概念，帮忙扭转那些认为麦当劳仅是快餐连锁的负面印象，引导顾客关注其对社区和本地区的贡献。

在结束走访后，所有组员不是聚集到一间标准办公室分享所感，而是被带到了一家名为 In The Dark 的餐厅。这家餐厅由视障人士创办，旨在引导顾客去感受，而非通过视觉观察。在分享过程中，所有发光设备和手机都被放在门外，所有组员都坐在完全的黑暗之中。Coullomb 将之视为"最美好的一次分享经历"：

我从未体验过以如此形式倾听。在黑暗中，没有其他东西需要关注，或者转移你的注意力。我们在那里共同畅想一个全新的空间，彻底的黑暗放大的不仅是我们聆听的能力，还有展望以及从不同角度看待问题的能力。

Coullomb 回忆称，所有组员都感觉急需一些彩色的词汇来准确描述此行的感受，让其他同事也能身临其境。此外，组员们都认为空间给人的第一印象非常重要，因此他们决定加大预算来强化电梯门打开后客人的体验。如果他们进入了一个洞穴，所有墙壁都改造成植物的形状，那么他们会立即意识到这不是一个普通的办公空间。再配备上在客人踩上后会变色的地毯，以挑战其原有设想。此外，加盖一堵木墙，配上渐变绿的地毯以及仿石地垫，以营造户外的氛围。我问 Coullomb 为什么上述最后一点也很重要，他回答，"你很难在地下室去激发人们。研究表明，当你试图想象某些东西时，会抬眼看天空。正如当你吃饱时，会去散步。已经有人研究过在办公室放置植物对于工作效率的影响。"

这让我陷入沉思。通过颜色、素材和形状等自然元素营造户外的感觉，对我们感官和思想的影响难道不同于真正走出户外吗？还是至少有可能一样？如果因为这种原因，你不能到公园散步以整理思绪、在工作时间不能有真实的植物围绕左右或者看一眼山，那么也许你可以从其他渠道受益，如挂上一幅风景画、安放一块绿色地毯，或者筑起一道洞穴般的墙。我们的身体和思想对于这些建筑元素的反应是否会与真正置身于绿树丛中、星光之下一样呢？

元素之关联

为找到前述问题的答案，让我们再深入研究以下 Coullomb 提到的研究。1984 年，Edward O. Wilson 创造并推广了"亲生物"的概念，"亲生物的设计"成为一个新兴领域，致力于探索亲近自然与心理幸福感之间的关系。2015 年，机构心理学家 Cary Cooper 领衔发表了一篇名为"人类空间：工作场所亲生物设计的广泛影响"的报告，基于对 16 个国家 7000 名办公室雇员的研究，发现在自然元素充斥的环境中，工作的员工在幸福感、生产率和创造性上分别比普通员工高 15%、6% 和 15%。[1]

那么哪一些是"自然元素"？根据报告，颜色就是其中一项。三分之二的受访者表示，如果办公环境由绿色、黄色、蓝色或棕色等自然色调装扮，那么一走进就会感到愉快。报告还援引了环境心理学的有关观点：

事实上，亲近自然是一个有助于心理修复的人类自适性机制。这意味着在一个城市化的环境中，直接（如公园和湖泊）或间接（在室

---

1. 'The Global Impact of Biophilic Design in the Workplace', Human Spaces, 2015. http://humanspaces.com/global-report/.

内设计中运用自然元素，如使用自然调和的色调、室内植物）接触自然可以帮助我们提振精神、从日常活动中获得喘息时间，并且保持积极心态。[1]

这个机制如何运转？我们的感官体验如何影响我们的思维方式？在中国哲学看来，这个问题似乎具有自证性：它们认为身体与思想是一体的。但是在将近两千年的西方传统意识中，这两者是相互独立的。直至最近，认知科学的发展（以及对于东方哲学日益浓厚的兴趣）才挑战了这一思想。语言学家 George Lakoff 和哲学家 Mark Johnson 在 1999 年合作撰写的《肉体的哲学》一书中阐释了有关观点：

理性不是凭空存在的，正如传统所认知，其来源于我们的头脑、身体以及身体的体验。无疑，我们需要一个理性的载体，但我们更需要理性自身从我们的身体生成。促使我们感知周边的神经和认知机制同样创造了我们的思想体系和逻辑模式 [2]。

众多哲学文献研究了我们如何感知（我们的感官如何对刺激做出反应）与如何思考（我们如何理解刺激，并以此启发创意）之间的关系。《反传统者：一个神经科学家揭秘如何以不同方式思考》的作者 Gregory Berns 对此有个很好的总结：

由于受大脑的相同系统控制，感知与想象紧密相关。你可以把想象视为感知器官往另一个方向运动的结果。难以形成真正新奇创意的

1. 'The Global Impact of Biophilic Design in the Workplace', Human Spaces, 2015. http://humanspaces.com/global-report/.p.7.

2. George Lakoff and Mark Johnson (1999), *Philosophy in the Flesh: The Embodied Mind and Its Challenge to Western Thought*, Basic Books, 3.https://www.nytimes.com/books/first/l/lakoff-philosophy.html.

原因与感官系统通过眼睛解读视觉信号的方式有关。不管是什么限制了感官的大脑空间，自然也会同时限制想象力[1]。

因此当我们去一些新的地方，不单是我们的机体感受到了影响。我们的想象力也受此经历的提振，开辟一些新的视角。我们的眼睛睁得越开，我们的思想变得越开放。

这个领域的诸多研究都聚焦在大脑以不同方式处理信息的能力上。"全局式处理"是指以全局视角解读信息；"局部式处理"则代表对细节进行深入分析。前者可以在更大范围上将不相干的事件联系在一起，并且可以影响创新性思维的能力。研究发现，这种全局式的思考方式与更广阔的，甚至是中断的感知间存在正向相关性。相反，将感官集中在细节上有利于建立分析性思维。

研究人士致力于通过感官刺激促进全局式的信息处理。其中一个研究探讨了障碍物对思维模式的影响。研究者发现，诸如无规则的背景声音或是走迷宫时遭遇的物理障碍等都有助于增进全局式处理——尤其是对于有较强专注力的人群（"低波动性"）。[2]

Berns 在他的书里拓展了这些理论。基于神经科学的最新研究，他提出，我们的所见不但与大脑对于光线的反应有关，还受大脑预期的影响。大脑看到的是它根据经验预期看到的，而这些预期决定了我们如何解读周边事物。

1.Berns, G. (2010) *Iconoclast: A Neuroscientist Reveals How to Think Differently*, Harvard: Harvard Business Press, p.39.

2.Janina Marguc, Jens Förster, and Gerben A.Van Kleef, "Stepping Back to See the Big Picture:When Obstacles Elicit Global Processing", Journal of Personality and Social Psychology, 2011, Vol.101, No.5, 883—901.

这是否有助于理解大自然感官刺激（如模拟苔藓的绿色地毯）对于我们思维和幸福感的积极影响？

芬兰建筑师及哲学家 Juhani Pallasmaa 在其大作《皮肤的眼睛——建筑与感官》中，将感官反应与心理活动的关系运用到我们对建筑环境的体验上。他写道，"我的身体记住了我是谁，我在哪里。"[1]同样，我们的建筑环境会像一座仓库，储存我们的文化和历史：它会刺激我们的感官记忆和文化记忆——那些世代流传的故事。当我们穿越有生命力的空间，这些记忆会塑造我们的感知：那些我们及无数其他人摸过的门把手、图书馆书本的味道、墙上挂着的画。但建筑不仅仅是记住，它还塑造。

Pallasmaa 还研究了建筑如何转变当下的感官体验，影响身体对于外界的理解，从而塑造每个人不同的视角。他指出，建筑"将人类的标尺和秩序感投射到一个没有边界的自然空间。"[2]且这种关系是动态的：我们基于特定的政治、社会和文化意识形态，创造了家园、学校和办公场所。建筑则长久地承载这些意识形态，并且影响我们的行为。

空间如何影响行为

对工作空间的经常改变同样可以塑造我们对工作职责的认知，影响我们的行为方式。为提高灵活性和合作意识，近几年办公室的设计风格有了较大的转变。一些最基础的元素，如办公室的墙壁逐步消失，取而代之的是在开放空间放置立体办公桌，并且用隔板挡开。工作空

1.Pallasmaa, J. (2005) *The Eyes of the Skin*, Chichester: John Wiley & Sons, p.12.
2.Ibid.

间共享模式替代了门上的姓名牌。独立的茶歇空间让员工得以在户外会面。如果你已经经历了这些改变，那么可能你也能感觉到中层与高级管理者之间多了更多的互动，决策过程中也更易取得共识。

有必要思考这些改变是否促进了彼此间的分享。是否只改变了我们尝试新事物的意愿？其对伦敦商学院战略领导力教授、印度商学院创始人 Sumantra Ghoshal 所谓的"环境的气息"带来哪些变化？

在 Ghoshal 看来，提振员工士气不能仅通过改变他们自身，更多的是要改变他们工作的环境。为解释这一观点，他描述了自己在 8 月前往加尔各答看望家人时的情景：闷热、潮湿、持久的疲劳感。随后，他引导听众想象在春天的枫丹白露森林中（INSEAD 校园所在地，也是他的居住地）：

你强烈向往能漫步在森林中，但是你不能。这里的空气酥脆、散发着春天里树木的气息：你想要跳跃、慢跑、摘一根树枝或者做任何事情……[1]

遗憾的是，大多数公司的工作环境都像夏天的加尔各答，而非激发自由的枫丹白露。它们散发的气味是"遵从、控制、拘束、畏缩。"Ghoshal 建议这些机构，让酥脆的空气进来："我们能否在公司内部建造枫丹白露森林？"他的回答是，让自律取代遵从、支持取代控制、"延展"或者野心取代拘束、信任取代畏缩。

日本最大招聘机构 Pasona 的首席执行官 Yasuyuki Yambu 采纳了 Ghoshal 的提议，将一座城市农场盖进了 Pasona 的总部。Yasuyuki 一边

---

1. Sumantra Ghoshal, *The Smell of the Place*, World Economic Forum [Filmed talk] https://www.youtube.com/watch?v=UUddgE8rl0E.

想象员工在农场中工作的场景，一边说："当我提出这个创意时，所有人都反对，但我感受到了希望，并且珍视这份做我所想的勇气。"[1]

Yambu 思考的不单是办公室的未来，还包括日本整个社会的未来。在接受 BBC 视野节目的专访时，他指出，日本的农业人口正在迅速下降，未来对于农业进口的过度依赖可能会对食品安全带来隐患。他认为应让更多人进入农业产业——但不是要求他们抛弃城市生活，而是将农业带到他们的日常工作中。闪念之下，他想出了一个既可以提升办公室效率又可以训练有关技能以增加本地食物产出的方法。

BBC 的记者边参观 Pasona 的总部大楼，边提出了一个重要问题："创造这样一个既使工作的员工受益又有利于蔬菜生长的环境会有难度吗？"大楼的建筑师 Yoshimi Kono 回复道：

> 方案是在天花板种上西红柿。西红柿所需要的光照强度是 2 万勒克斯，但人们在办公室大概只需要 700 勒克斯。因此将西红柿种在 2 万勒克斯的光线下，通过其提供的阴影，在底下工作的光照大概就是 700 勒克斯。

大楼还在接待处种上了稻田，将柠檬和百香果树作为会议室的隔板，用蔬菜床将茶歇空间分割开，此外，有水培生菜和南瓜藤在栏杆蔓延、在墙上发芽。但以上这些对于在 Pasona 总部工作的员工产生了什么影响？首先收获的是身体健康：受益于空气质量的改善，以及由全日本办公楼中最大的农场及餐桌模式供应的健康餐食。

1.BBC Horizons Episode 13: Frontier Farms Innovative techniques used in the farming sector http://www.bbc.com/specialfeatures/horizonsbusiness/seriesfive/episode—13—frontier—farms/?vid=p036kfcf.

尽管 Yambu 的初衷只是鼓励城市人群学习园艺知识，但随后其成立了下属公司 Pasona Nouentai，旨在培养办公楼中的农业专家。该公司创立了农业创新大学，用于训练公司员工和其他外部人士——包括消费者、初创企业和职业人士从种植到物流、管理等方面的技能。但在训练过程中，个人的成长不仅限于课程本身：员工对于身边的生命体不自觉地产生了好奇心，对于其成长过程和需求也有了越来越清晰的认知。Kono 注意到员工情绪上的变化：

> 将真实的花和蔬菜种在办公场所是不常见的。这让员工们有了谈论的话题，也得以调整自己的思想状态，从而缓解办公环境的紧张氛围。[1]

但如果你无意将办公室改造成农场呢？如果你甚至没有一个固定的办公室，而是在一些共享的办公场所间来回奔波？这正是澳大利亚在其 202020 城市规划中直面的挑战，该国计划到 2020 年增加 20% 的城市绿色空间。其中一部公开的方案《植物紧急计划》提议在你所有工作的地方都实现绿化——即使你在那仅停留一天。[2] 它指出，在植物中工作的收获大于立即种植这些植物的成本。这也许是因为创造和培育一个城市花园的过程是有修复魔力的。

玩乐的场所

如果说我们常出入的空间会影响我们如何思考自己的生命角色、

1.Ben Davis "Pasona: Plant Life", *Assemble Papers*, 14 September 2015.http://assemblepapers.com.au/2015/09/14/pasona-plant-life/.

2.The Instant Plant Plan, Australia 202020 http://202020vision.com.au/media/7160/202020_how-to-site-shed-160714.pdf.

如何与他人互动，那么哪些空间会让我们的思维更加开放？什么样的空间会激发我们的好奇心。2016 年，我在新加坡遇到了 3 个人——一个孩子、一个艺术家、还有一个年轻企业家。他们都给我同样的回答。

想象你在一个挂满大型发光球体的展览馆，在你踢它们或者滚动它们时球的颜色会变化；你自己设计了一个跳房子的游戏，先在一个可触屏上将各种图形拉到一排，而后这些图形会掉下来，变成一个日式池塘中的石头，当你踏上这些石头后青蛙会呱呱叫，当你落水后会有水花溅出，还有仙鹤在头顶掠过。给鱼和乌龟涂上颜色，然后将它们放生到墙上一个大型鱼缸：扫描一下，它们会立即被赋予生命，像活生生的动物一般游向鱼缸中的珊瑚礁。此外，穿过一片灯光林，有星星在身边闪烁。

这是艺术科学博物馆的一场未来世界展览，呈现的是一个知名日本超科技学家团体 teamLab 的作品。现场的感受是震撼的，尽管你读到这些描述时可能觉得平凡无奇。而我思考的是，这些互动式设计对于各个年龄段人群行为模式的影响可能会比其新奇感来得持久。我们只是在玩一个"如果我……会发生什么"的游戏。在这过程中，我们经历了给它们生命的激动、不知道下一刻会发生什么、带给自己惊奇、看到自己的行动即刻孕育了能与你玩耍的生命，感受了其中的魔力与喜悦。

但事实上，最富创造性的部分是在博物馆的外面，并且向所有人免费开放。整个博物馆的建筑像一朵莲花，或者说是一只高举的手，环绕着一个百合花池。在展览期间，有一个卡通形象投射到花瓣或者说是手指上。我在展区外面观赏时，碰到了一个 8 岁的小女孩，在玩自己的手机。她正在操作一个手机软件，上面是一位日本书法家写的字，当她选择一个字并且向上滑动后，字会消失，同时在这个大屏幕上——所有人都可以看到的是——会出现一只蝴蝶。另外还有一个符号，她选择后会在海岸上空有出现打雷的声音。

在我看来，这个游戏体现了创造的潜能。小女孩手上的权力，不但可以影响自己想象中的世界，也会影响所有人经历的世界。在她的意识中，她会认为自己的梦想和行动可以创造一个更美好的地球。将下一代的这种联通力、创造性与全民的创新行动结合，就有可能将大家共同的梦想转变为现实。

在此之前，我还在南洋理工大学的生物设计艺术节上遇到了意大利艺术家 TeZ（Maurizio Martinucci）。TeZ 正在介绍他的作品PLASM。这一作品可以展示生物形态不间断转变的全景，其受启发于Alan Turing。后者运用数学模型研究化学物质如何在一张纸巾上溶解，这也是促进有机体的形态不断发展变化的过程（形态发生学）。我躺在地板上，看着圆顶上这些生物体的形态不断成形、消融、跳跃、漫游，仿佛自己参与了成百上千次生命的诞生，窃取了它们的一些秘密一样。

TeZ 计划在曼谷大学开设一门课程，为学生提供生物艺术学的基本信息，包括如何自己制作一些显微装置，并且将自己对微生物的观测结果转化为他人的多感官体验。我问他，为什么让学生学会自己制作工具那么重要。为什么不直接买一个显微镜，或者从学校实验室借一个？[1]

因为这样做你收获的不只是知识：你知道了如何获取知识。你理解到了有能力去看你想看的一切是什么感受，随后你会决定还想看什

---

1. Interview with author.

么，并且考虑如何实现。在我看来，这是激发好奇心的过程：这关乎我们如何获取知识。

他坦诚自己的首要动机是提升自己的技能："我想要学习如何制造这些东西，因此我建议我们一起来学习！我只教那些我也能从中学到东西的课程。我们立下根基，然后我们便开始玩耍，看看我们能到达什么地方。

又是玩……我问 TeZ 为什么。

玩意味着你可以无边界地探索，没有规则的约束。越多的规则，你玩得越少——能发现的也越少。

在那个周末，我还见了一位新加坡年轻的企业家 Trishal Ghelani。22 岁时，在有了一家初创公司失败经验的基础上，她参与创建了新加坡北角机构（Northern Quarter Agency），致力于与其他组织合作进行文化设计。此外，她刚从曼彻斯特哈伯岛的创新学校取得硕士学位。她告诉我，这所学校培养了年轻企业家面对真实世界的三大技能：企业家精神、硅谷的数字知识、与品牌合作的实战经验。但对于 Ghelani 来说，她认为最重要的是让她认识到了文化创新的重要性。

她描述了一次由 Vans 公司提供的训练机会。该公司要求 Ghelani 所在团队制定一个旨在提高女性参与度的数字战略。两天时间里，他们必须研究、构思、建模、测试、做方案演示。

我们都到了曼彻斯特的这个纯女性滑冰场，因为只有深入最终用户所处的环境，才能做出关乎他们的改变。我们都穿上了滑冰鞋，在我摔倒、流血的时候，一群六岁的小女孩纷纷鼓励我，"来吧，再来一次！"在这样一个场合，我感受到前所未有的能量：这些女孩子摔伤了下巴，一个个鲜血直流，但都一笑而过，爬起来接着前行！

但是在与年长一点的女孩聊天后，Ghelani 和她的组员都发现，不是所有人都具有六岁女孩的韧性。他们与曼彻斯特女子滑冰队的几个年轻女孩一同参加了一个晚间派对，之后又邀请他们出席哈伯岛的合作创造实验班，其中 3 个女孩来了，包括组织那场晚间聚会的 18 岁女孩。

我们问了她们一些问题，譬如做过最可怕的噩梦是什么。通过这些问题，我们发现在这个滑冰场存在显著的性别主义。90% 的女孩在第一次尝试后就放弃，因为她们认为自己资质不够，这是男孩的阵地。

Ghelani 认为，这一问题的根源是安全感的缺失。而且绝大部分不是身体上的安全感，即使在滑冰场，而是精神上的安全感。如果你要尝试新事物，你首先应拥有安全感。因此，这个战略设计的核心应当是帮助女孩们在那样一个场所感受到被尊重，感受到每个滑冰者间的平等，即便你是首次尝试此项运动。那么方案是什么？ Ghelani 的团队设计出一个高效的技能交换平台——人们可以在平台上分享自己的技能，作为回报将得到一定积分，用于学习新技能或者使用别人的帮助。Ghelani 解释了这个平台在滑冰场的运作机理：

假设你想要尝试滑板的一个新招式，之前没有任何经验。但是你懂得中文。此时正好有一个人很擅长滑板，又想学中文。于是，你们可以碰面，并且交换技能。这个 aap 上会显示每个人拥有的技能，并且将其按照友好程度、开放程度等进行排名。由此，即便你是一个新用户，你也可以清楚地知道将会与什么人会面，可能会有什么感受。在这个平台上，你不会被欺负，因为你也从中得到了想要的东西。

但是，我问 Ghelani，如果那些六岁的孩子不需要这个平台呢？她们的文化与成人有什么不同？

正如本节中 3 个案例显示的，一个可以激发好奇心的空间应当是足够安全、开放、可以任由我们玩乐的。精神上的安全感来源于一个失败稀松平常，且有人会鼓励你"起来、再来一次"的文化。他人免费给予的这种接纳，使我们得以从自己的错误上吸取经验教训，并将错误视为发现之旅的必要组成部分。

用于形容设计工场和创新实验室的"沙坑"一词也反映出玩乐的文化是当下创新文化的根基。传统意义上，沙坑是供孩子们玩耍的地方：孩子们可以盖房子、推倒、再盖、沙子散落一地、躺下去、再站起来，且完全不会伤及自己或者破坏别人眼中的秩序感。"沙盒"在软件和视频游戏开发中用得更加普遍——同样，指一个独立的空间，你可以在里面以新的方式处理事务。比如，侠盗飞车（Grand Theft Auto）就是一个类"沙盒"游戏，因为你可以去任何地方，以任何你喜欢的方式迎接挑战。

正如 Ghelani 所言，孩子有玩乐的自然倾向，因为她们还没有接触到那些可能阻碍她们探索的体制框架。但是也许，大人更需要沙坑，以摆脱那些制约他们玩乐的条条框框：至少不再认为上了一定年纪后玩就不再是"恰当"的行为。

为爱而造

建造沙坑还有其他什么方法？我们如何在日常生活中创造更安全、开放的空间供玩乐？

我第一次见到 Trishal Ghelani 是在新加坡可持续生存实验室（SL2）的未来星期五系列活动上。大约有 30 个人出席此次活动，聚集在一起研究如何创建未来的工作文化，我们都是"千禧一代"，没吃没喝，将整个周五晚上耗费在活动上。我们的任务是想象，而后开始创建我们想要工作的世界。对于设计和建筑的热情来源于千禧一代的某种品质：这一代人不受额外收入和奖金的蛊惑，只遵从内心的激情、玩乐的心态、目标以及兴趣。

那个晚上的重点是建模。"头脑中的一些想法只有在手上才会成为现实。"SL2 的协调人 Kay Chew Lin 表示。我们开始想象自身在这个未来工作空间中的体验，以及能观察到的其他人的行为。为了帮助理解影响他人行为方式的因素，我们运用了一个名为因果层次分析（Casual Layered Analysis, CLA）的研究框架。选择某一种行为作为你的研究对象，然后不停地问"为什么"？就像孩子一样，一个"为什么"接着另一个，直至大人被彻底激怒。当然，这并不是训练的唯一方面。在设计思维中，提问和聆听答案（训练同理心）是创造变革的第一步。

我所观察到的办公行为包括在咖啡机旁聊天、在办公室待到上司回家之后、到游泳池放松，以及所谓的"亚洲人的不"，即不直接给出答案，而是希望同事能领会其中的信息（详见第六章）。其他组员选择的议题则有关跳槽问题：不将职业生涯套牢在同一家机构，甚至是其上下游。这些行为反映在 CLA 的顶层——"事实描述"。随后，我们问为什么会这样。

我们的焦点集中在了"亚洲人的不"：为什么不直接说"不"。讨论之后，我们认为是因为你难以接受说一些可能带给人不适的话。那么是什么导致你不易接受？也许是受礼貌文化的熏陶。这种解释是在系统层面的：我们都接纳了一些工作上的礼仪，包括语言和沟通方式，这直接影响了人们如何回应需求。

紧接着我们进入了第二层次：为什么会存在这些礼仪？其体现的

是怎样的价值观和世界观？也许因为人们假定舒适更让人向往？又或许是因为人们有意尊重他人、渴望社会凝聚力，从而将集体的和谐置于比个人观点更重要的位置？

然后又是一个为什么。是什么造就了这种尊重意识和对舒适的向往？是否认为对抗就不可能有尊重？或者提出反对意见会损害社会凝聚力？

在我都还没来得及质疑之前，分析便很快得出。接下来的环节更有趣：我们可以做什么来扭转这种文化？我们能否重新设计工作环境以鼓励有礼貌地表达不同意见？而这其中，设计的过程是关键。

最后我们设计出一个装有"说话棒"的手工制品，初衷是让使用者可以自由说话，并且暗示所说的都应该被认真对待（有一双木制的筷子做装饰）。同时，在说话棒上套了一个木纸板做成的面具，让说话者可以不具名地发言——尽管不是现实。这种匿名的感觉可以让发言者幻想自己不会被同事认出——行动起来也可以不带个人特征。我们在面具上画上了"Hello Kitty"，作为发言者的化身。使用 Kitty 是因为其小小圆圆的嘴巴是没有表情的：寓意说话时没有笑容、不会皱眉，不做事先想好的解读。尽管这个装置还没有到测试阶段，但可以想象在会议中面具会发挥什么作用呢？

另外一个小组设计了一个棋盘游戏，有棋子和玩家，像蛇梯棋、大富翁和猜字游戏一样。但游戏的目的不是玩到终结，或者让其他人出局。事实是？跳槽。以往，我们总是怀着对职业的期望开始一份工作：选择了它、参加岗前培训、坚守岗位、获得岗位晋升。但是千禧一代们不再出于唯一动机参加工作——而是很多。他们想对有用的项目全力以赴、腾出时间旅游、学习新的领域、做自由职业者、与他人合作、建立家庭、创办一家公司、再开另一家公司、出售一些业务、永不退休——等等。这些选项都没有线性的上升通道。旧规则不再适用。我们需要的——正如棋盘游戏设计者的想法——是对于工作意义的新理解和对于成功的新定义。

游戏人生

如果我们想营造创新文化，那么将人生重新定义为游戏就不仅是比喻的说法。工作和玩乐的概念在我们的教育体系和工作实践中往往相分离，是时候让它们统一起来了。回头看看组织机构的进化过程，就不难看到上述事实。为了追求效率和生产率，在工作场所我们不鼓励漫无目的的探索。同样，对于成功和成绩的关注，使玩乐在教育体系中仅能存在于"课堂与课堂的间隙"，无法享有更多的时间；玩乐的唯一价值仅在于重整思绪，以投入那些看得见、评估得了的工作。相比之下，孩子们至少有时间玩耍。你越年轻，越有时间通过一些实用性的、自己操控的实践去探索世界。随后，你会逐渐长大，远离它们。而一些富有创造性的领域——如美术、戏曲、音乐往往会被视为"简单的学科"。

但现在，游乐场重新进入教室、办公室以及其他的成人领域。倡导在公共生活中玩乐的先驱 Stuart Brown 博士表示，"玩不仅是成人前的预演。它成为我们自然社会行为的一部分。我们无须专门为玩腾出时间，而是应该让它与生活充分融合。"Brown 博士创立的国家玩乐研究院就致力于实现此目标：其旨在挖掘通过在生命各阶段玩乐所能激发的人类潜能，并通过科学研究，探讨玩乐在我们改造世界过程中应当发挥的作用。

尽管这还是一个新兴的研究领域，但已有越来越多的执业者相信玩乐对于变革有所帮助。斯坦福大学自 2007 年起面向本科生和研究生开设了一门名为"从玩乐到创新"的课程，旨在探索玩对于创新的作用，并将有关原则运用到设计的思维和实践中。

IDEO 玩具实验室的负责人 Brendan Boyle 是课程的讲师之一。他认为，玩并不是"中场休息"的概念。

在我看来，玩是去做你感兴趣的事情。因为它很有趣所以你想做这件事，因为它带给你乐趣所以你想一直做。从这个角度讲，玩是需要耗费精力的。

Boyle 认为玩是至关重要的，而那些追求效率的工厂认为玩是有害的，除此之外，两者的差别还在于对重复和学习的理解上，即玩是否只是既定模式的再造。他举了一个例子来说明玩也是设计过程的重要组成部分，甚至加速了其进程：

最近我们的一项工作是为芝麻街设计一款苹果手机的 APP。为了搞清楚 Elmo 应该如何跳舞，我们用泡沫芯材做了一个巨大的苹果手机模型，随后让不同人在屏幕里面跳舞。制作模型的过程充满了乐趣，同时更重要的是，我们很快了解到什么舞姿是不合适的。

工作和玩乐究竟有无分别？在玩具设计师、Boyle 的同事 Joe Wilcox 看来，如果在你脑海里有一个目标——如果玩是出于某种目的，那么就有区别。但是在实施过程中，二者无异，都关乎态度。

都不是为达成特定目的，而是拓展边界和发掘新事物的过程。通过直接与世界相连，我们拥有一定的行为模式、实验、最后到达边界或者实现某种可能性。

开放式探索有助于增进我们对物质世界和社会世界的了解。通过反思，可以从漫无目的的冒险中吸取经验教训，并且将之运用于后续的设计中。但是，玩乐与目标引导的创新不仅在此层面上互相兼容——前者事实上是实现后者的必经之路。通过自身实践得到的启迪对我们的影响最为深远，那些让我们看到了错误的事物也最为有力。这一结论不单适用于孩子，正如第一次受伤的经历给他们的教训，也同样适用于成人。

Brown 博士从动物行为上发现了共通性：熊、山羊、狗及其他哺乳动物间的嬉戏。他描述自己曾经看到一只北极熊和一只哈士奇在"跳芭蕾"，它们模仿对方的动作，而不是大打出手。哈士奇"弯下腰、摇了摇尾巴"，这一调皮的动作释放出了一个社交信号，而熊接收到了这个信号。

上述情节引出玩乐对于创新重要性的另一个解释：社会层面的原因。好的创意很少会在独立探索中萌发，更多来源于社会活动。大家一起玩有助于团结；尝试一些新举动、并观察其他人的反应教会我们同理心。我们学着识别他人的需求。我们找寻彼此珍视的东西，以及有利于彼此和谐相处的东西。我们营造共同的文化、共同的归属感。Brown 指出，在玩乐中，我们会逐步建立起这样的文化和角色，从而成为最丰满的自己。相反，缺乏玩乐机会的结果就是缺乏同理心和共同的文化。Brown 对玩乐的研究起源于对一群年轻杀人犯的关注，包括德州大学塔枪击事件的主犯 Charles Whitman，他发现在这群人的社交中，玩乐都极其欠缺。

Bolye 和 Wilcox 在 IDEO 招聘时专门寻找能与他人玩耍的应聘者。是因为玩耍可以帮你克服在他人面前失败的恐惧吗？这也是他们致力于创建文化的重要元素。"这种文化可以提供一个承担风险的安全空间。"Wilcox 表示。"我们鼓励屈曲你的创造肌肉、并且与大家互动，而不是作办公室里最聪明的设计者。"他们将这种社交玩乐和创造性与"T 型人"联系在一起，即那些既有特定爱好，又对设计思维所有涉及领域感兴趣的人。

此前我们提到，广泛兴趣可以促进"全局性的信息处理"，即有利于创造性思维的一种神经活动，不同于分析过程中运用的"局部式处理"。研究发现，"全局式思维方式、创造性、社交能力"与"深度分析、独立反思"之间存在相关性。由于同一个人可能在不同环境下拥有不同的思维方式，因此无须判断其是这类或那类，是全局思维者还是局部思维者。我认为 IDEO 不雇用那些 I 型的、有着更深专业知识的人才是失策的。正如 Tom Robbins 所言，"这个世界上有两类人。一类是说世界上存在两种人的人，另一类是对此有更独到见解的人。"[1]

突破你的思维定式

还有什么方法可以在我们的日常生活中建造"沙坑"？我们如何从多年建立起来的角色和习惯中释放自己？角色扮演是其中一种途径：在虚构的角色中，你可以体验新的关系、新的行为，而不用担心人们会就此对"真的你"有所看法。你犯下的所有错在你走出角色后都被抛在脑后。在反传统创新思维工场创始人 Jeffrey Baumgartner 看来，角色扮演可以激发创造性，因为它允许人们即刻就可尝试新行为：

角色扮演是锻炼想象力的很好手段，因为你促使扮演者假装成为

1.*Still Life with Woodpecker*.

其他的人，以非惯性的方式思考，并且回应那些想象中的问题。

David Bowie 是说明角色扮演在激发创造性的作用上最好不过的例子。1999 年，Bowie 在接受 Jeremy Paxman 的采访时表示，已经无法像年轻人一样在台上自在表演。那时，他为音乐剧创作歌曲，希望由其他人来表演。Ziggy Stardust 就是在这种思想状态下创作出来的。但遗憾的是，没有人愿意来表演。为此，他决定自己来当"Ziggy"。享受到角色扮演中的乐趣后，他开始沉迷于创作一个又一个的角色。

Paxman 问他，为什么会将原名 David Jones 改为 David Bowie，他回应称，不知道自己是谁，甚至不知道 Bowie 该如何发音。他更喜欢待在一个"灰暗的空间……充满未知……没那么多自我。"

我的生命充满了激情。我越少质疑自己的激情，感觉越舒适。

但是在他的创意过程中依然有质疑的部分，只是这发生在表演结束后，即在"玩乐"的释放之后。由于意识到自己对舒适程度如此敏感，他开始观测自己，反思表演对自己行为和感受的影响。这种反思，正如我们之前讲到的，是从玩乐的释放中捕捉创新所需元素的一种方法。

他对激情的强调是个有趣的问题。他不是向内看自己，而是向外寻找能使自己兴奋的东西。这也是 Greg Bernarda 告诉我他经常在研习班中运用的方法，Bernarda 是一名作家，同时也是一名商业模式培训师，专注可持续价值观的相关主题。他告诉学员应该携带一件"私人的、非常喜爱的"工艺品来到研习班，这让他们可以用"不同音调"说话。因为他发现：专注于某项感兴趣的东西，而不是沉迷于对自己的定义，可以让他们从既往的角色和表达自己的习惯性方式中解脱出来。

因此，如果你不喜欢角色扮演（或者即便你喜欢），那么在日常生活中建造沙坑还有另一种途径，就是专注于外在的事物。其中，一种引发广泛兴趣和研究的方法是正念的练习。正念是冥想的一种形式，它只关注一种感受，就像聆听一样简单。尝试聆听声音本身，而不去解读它们，或者将它们互相区分。房间里的声音、街道上的声音，以及鸟的声音——都只是噪音的不同表现形式。当头脑不再区分和解读它们后，那种将自己视为与其相关、但又不同的独立实体的想法会逐步消退。专注地、不带解读地聆听可以压制住那个已知的自己，使自己得以以其他的方式体验世界。

另一个普遍的正念训练是关注吃的感受和行为。著名的冥想导师 Godwin Samararatne 这样描述其效果：

> 我们通常都是为了吃而吃，在吃的过程中我们是否真正关注过自己品尝的是什么、咀嚼的是什么？冥想是我们在生活中有意识做的一件简单、使用、普通的事情，但此后这件普通的事情会变得不普通。如果你能学会做这件普通的事，你就会发现，即便是普通的事，你也能有像第一次做一样的体验。你还会看到其他的东西。看它们时你是否也能有初次体验？你能否在看待自己时仿若第一次一般，不夹杂过往的印象和过往对自己及他人的评判？[1]

重新看待自己是一个起点，可以让你识别、质疑和摒弃那些你已经习以为常、但实际上并不能定义你的行为和思维模式。突破这些你可以尝试新的思考方式，拥抱新的体验和创意。

正念和冥想对于创造性的影响正在吸引越来越多的影响。譬如，莱顿大脑与认知学院的研究人士探讨了开放式冥想（OM）与专注式

1.Godwin Samararatne (1997) "Importance of Awareness", Triple Gem of the North, 21 October 2015.http://www.triplegem.org/wp/?p=555.

冥想（FA）的影响，前者指大脑注意到所有的感官刺激，如上文提到的聆听训练；后者则指大脑只跟踪特定的刺激，如你自己的呼吸。他们在发表于《心理学前沿》的一篇文章中指出，开放式冥想能催生一种有利于分散式思维的控制模式：开放式冥想的练习者在对待工作上表现出了更大的灵活性、流畅性和原创性[1]。

障碍之路

好奇本身也许是随性的，但并非不可以施加约束：如沙坑的边界、舞台的边缘、所扮演角色的妆容等。在舞台上，成为 Ziggy 让 Bowie 可以无顾虑地释放。但当他走下舞台回归到作曲家身份后，他却极力寻找可以让自己紧张的空间：

我很难在一个轻松的场合里创作。我需要有一些冲突在身边，不一定是关乎自己的——虽然我知道这不是个好主意。[2]

正如此前讲到的，干扰可以促进大脑的全局式信息处理能力，尤其是对于那些容易长时间沉溺于某件事的人。在一定的约束下，大脑似乎能更好地应对复杂性和模糊性。组织机构不一定需要大动干戈地模拟 Bowie 的"冲突场景"：设置一些规则来将沙坑"包围住"可以起到相同的效果。

1.Lorenza S.Colzato, Ayca Ozturk, Bernhard Hommel (2012) "Meditate to create: the impact of focused-attention and open-monitoring training on convergent and divergent thinking", *Frontiers in Psychology*, 3(116).http://www.ncbi.nlm.nih.gov/pmc/articles/PMC3328799/pdf/fpsyg-03-00116.pdf.

2.David Bowie speaks to Jeremy Paxman, BBC Newsnight (1999) https://www.youtube.com/watch?v=FiK7s_OtGsg.

在软件开发领域一个盛行的方法是"敏捷开发",它旨在帮助团队应对持续挖掘和学习过程中不可避免的不可预知性,基础是不间断的学习和调整适应。它设置的边界简单、固定。一个是产品研发很短的时间要求(典型的是一周或两周)。另一个是分配不同角色。每个团队都是灵活组建的,团队成员没有固定的角色功能,也没有层级关系。但是在每个项目中,必须有人是"产品负责人",负责产品定位;有人是"敏捷专家",确保项目的顺利实施;其他人则是产品开发者。在这种管理模式下,没有人会受职位高低的打击,但却会从明确的流程和责任中受益。

这种小型的架构建立了一种文化,可以舒适地应对剧烈的变化和严重的模糊性。试验建立在模糊性基础上:没有它就没有质疑和动力。但试验需要勇气:当然,没有哪一个"安全"的创造场所会让失败变得不可能,而只会让它变得美味可口。这一点在很早就已经取得共识。例如,20世纪60年代,创造性和风险承受之间的相关性就已经被确立;1969年,得克萨斯大学的 Russell Eisenman 发现,有创造性的大学学生会更愿意拿一学期的学分在某个实验上冒险。[1]

一个快速发展的、可能会给创新文化带来全新威胁和挑战的领域是机器人(正如我们在第三章末尾提及的,对人类关系的影响)。一个关键问题是,机器人能否学会去满足自己的求知欲望?它们能否根据"内在的动机原理"建立起——或者也许是放弃自己的技能?花朵

1.Russell Eisenman (1987) "Creativity, birth order, and risk taking", *Bulletin of the Psychonomic Society*, 25(2), pp.87 – 88.http://link.springer.com/article/10.3758/BF03330292.23.

实验室（Flowing Epigenetic Robots and Systems）正在研究此问题，以期得到一些能增进我们对人类认知发展理解的成果。

我们发现推动机器人搜寻有效学习场景的内在动力会同时促使它先去探索和挖掘自己的身体、而后是外在事物，最后是与外界的声音和原始语言交流。[1]

我们是否甚至可以借鉴机器人的学习过程，在一个鼓励试验和玩乐的文化氛围中寻找激发我们好奇心的其他途径？

2.4 反思

今年内你已经被警告了多少次有关"快速变革"的来临？或许当前的世界应该用"VUCA"来描述？即波动（Volatile）、不确定（Uncertain）、复杂（Complex）、模糊（Ambiguous）。正是在这种环境下，创新的能力成为企业赖以生存的品质。即需要快速适应变化以保持长盛？但是创新的速度必须与变化的速度相匹配吗？或者是需要加以平衡，从长远角度考量什么才是所需？无止境地采取一些短期策略应对压力虽可以帮助一家机构在激流勇进中漂浮更长时间，但无法提升长期的韧性。

做出关乎未来的决策需要深思熟虑，但我们往往直接采取行动而非先行反思。另一个促使机构快速决策的原因是度量的使用。其总是被要求评估、量化和报告：他们必须为股东创造价值、接受审计问责，

---

1. https://flowers.inria.fr/curiosity/.

并且满足可持续性和企业责任的目标。当然，度量对于变革是至关重要的。但是我们度量正确的事物了吗？我们是否花时间思考想要的结果是什么，那些度量是否帮我们实现了目的？

通常我们度量的是那些最容易测算的东西：金钱（最重要的）、花费的时间、产出。生产力的测算涵盖了以上各项，将产出的数额与时间、金钱做比较。在此过程中，我们忽略了产出涉及的无形因素，如思量、关怀，对其影响往往未能衡量。为什么？因为这些度量需要花时间等待结果，花费时间却没有即刻可展现的东西——因此目前鲜有机构采纳。试想，有多少大学会花十年时间对学生的心智能力进行全面估量？

那么，一个创新型组织应该度量什么呢？停摆时间？未来论坛创新负责人及因特网事务研究会联合创始人 Huge Knowles，受电影导演 Ingmar Bergman 的启发。后者在其最后 25 年的大部分时间里都处于隐居和思考的状态。他同夫人居住在法罗岛，严格限制自己的饮食和活动。[1]Bergman 在日记里描述道，他感觉需要反思毕生的每个细节，保持思考数个小时，直到"人性"迸发。就仿佛有一股黏性液体从身体内部溢流出来，如牙膏从管筒里挤出一般。[2]

"很少会有人愿意坐下来这么久直到上述状态出现"，Knowles 表示，"绝大多数人会受到干扰。但这种等待大脑反应的沉思、这种停摆的时间，对于模式的识别至关重要。"个人可能有所犹豫，但组

1.Interview with author.

2.Joe Fassler "What Great Artists Need: Solitude", *The Atlantic*, 4 February 2014. http://www.theatlantic.com/entertainment/archive/2014/02/what-great-artists-need-solitude/283585/.

织很少会鼓励他们这么做——甚至多数情况下制止这么做，反之要求每分每秒都有可见产出。Knowles 经常询问人们有关其创新的过程，让他们回忆最后一次产生伟大想法是在哪里。通常，是在淋浴时、骑行时，有时也在火车上——思绪会游走的状态下。"没有一个人会说是在工作场所"，他指出，"我们工作文化存在的最大问题是对于思考的价值从未有正式的认可，从未融合进我们的工作文化。大多数的组织化程序都未涵盖对于思考的测度，我们关注的仅是行动。"

对于生产力指标过分重视的一个结果是事情的进程被加速。如果我们想改善指标，那么很自然地会认为应当用较少的时间实现较大的产出。因此我们有了"恋快癖"：速食、快速时尚、快速职业谨慎。而这其中没有一项具有创新的含义：你可以在 119 个不同国家买到同一个麦当劳汉堡，可以在全球几乎任一条主要商业街买到同一件低廉的 T 恤，可以在成千上万的受训者身上找到同样的培训程序和管理方式。这种对速度的痴迷蕴含着灾难性的后果。想想速食对于农业的危害：牲畜行业释放的温室气体已经超出交通运输部门，占到了全球排放总量的 14.5%。[1] 想想它对人类健康的影响：1980 年以来全球肥胖人口数已经加倍。[2] 再想想它对服务行业从业者的生活及自由的影响，随着《现代奴役法》实施，其影响的程度才仅仅开始显现。所有这些都

1. Rob Bailey, Antony Froggatt and Laura Wellesley "Livestock Climate Change's Forgotten Sector: Global Public Opinion on Meat and Dairy Consumption", *Chatham House*, December 2014.https://www.chathamhouse.org/sites/files/chathamhouse/field/field_document/20141203LivestockClimateChangeBaileyFroggattWellesley.pdf.
2. World Health Organization, 'Obesity and overweight' Fact sheet N° 311, updated January 2015.http://www.who.int/mediacentre/factsheets/fs311/en/.

与 Bergman 慢慢挤压出的人性形成鲜明对比——而这，正如我们在多元化和忠诚度的探讨中提及的，是创新的源泉。

慢文化的兴起

然而事情有所改变。慢式的行为模式在西方的饮食文化中逐步兴起，这种文化鼓励人们就地取材，将生产商与消费者更加紧密联系，支持人们通过一些社区活动自己种植，从而引导人们更亲近自己的食物。农民集市在大城市的街道上涌现，人行道的一小块区域以及没有使用的天台成为公共蔬菜种植园，餐馆争相展示其花园式厨房。在时尚界，慢文化带来了社会纽带的强化。包括 Traid、Topshop 在内的品牌将一些旧物进行改造，奢侈品牌则是为建立与匠人的长期联系注入资金。

在电子与纸质媒体，长篇读物和高端的电子杂志日愈风靡。一项名为"慢科技"的运动吸引了试图逃脱网络信息爆炸的人们。其中一部分转向了可回溯录音设备，如黑胶唱片和卡带——其给人一种更仪式化的、"打开音乐"的切身体验，促使你去聆听整盘磁带或者整部专辑，而不是被动地接受电子播放器犹如背景音乐一般的无限循环。另一部分人将口袋里的手机替换为"哑巴手机"，仅在有限的情况下使用（打电话）或索性完全不用！在韩国，这一地球上联系最为紧密的国度，"因特网拯救学校"自 2007 年起为孩子们提供暂时远离电子生活的空间。[1] Freedom、Lookup 等帮助人们提高集中度的手机软件流

1.Martin Fackler, "In Korea, a Boot Camp Cure for Web Obsession", *New York Times*, 18 November 2007.http://www.nytimes.com/2007/11/18/technology/18rehab. html?pagewanted=all.

行起来，前者可以帮你屏蔽互联网，后者设置电脑屏幕每20分钟断开一次，强迫你将视线从屏幕上转移。正如纽约时报评论员Pico Iyer所言：

> 仅仅一个时代，我们就从对这些可节省时间、拓宽我们生活边界的设备的痴迷转向了远离他们——通常还是为了节省更多时间。当我们有越多渠道联系时，我们中的大多数人越急切地想断开。就好像青少年，我们似乎在一夜间从对这个世界一无所知到知道得太多。[1]

我们对于更全面掌握以及更专注于信息的渴求映射出我们对于跳出数字的向往，即给予大脑一段自省的时间——有点像关掉电脑又打开！这些渴求推高了对于冥想与正念的热情。我们还可以在其他什么地方看到"慢式思维"？还有什么可以帮助我们超越快节奏的现状和急迫的忧虑？

"长现在"基金会开发了一项工具，旨在实现上述目的。其以新的方式度量时间：一个可以在未来1万年持续工作的钟。一个世纪每100年向前更迭，布谷鸟在千禧年出现。它的发明者Danny Hillis试图改变时间框架，将下一周或下一季度转变为下一代，并依此类推："我不能预测未来，但我在乎未来。我知道在我能记住这个世界之前，我就已经参与其中；而在别人能记住我之后，这世界还将长时间地运转下去。我感觉我身处一个重要变换的时局，我认为我有责任确保其平稳过渡。"

这是一个庞然大物：高200英尺，坐落在得克萨斯Van Horn边的一座石灰岩山上，徒步至它的内脏再返回需要花一整天时间。钟选用

1.Pico Iyer, "The Joy of Quiet", *New York Times*, 29 December 2011 http://www.nytimes.com/2012/01/01/opinion/sunday/the-joy-of-quiet.html?pagewanted=all&_r=0.

长期耐用型材料制成，不需要耗费能源支撑其机械运动。它可能会在任何时点因游客干扰而停摆，但会记录下停了多长时间（多少世纪、多少年）以确保后续的读数准确。停摆时它会在中午鸣响一次，且每一次的旋律都是全新的。它通过一架全世界最缓慢的机械计算机来运算——可以由 10 个铃合成超过 350 万种不同的旋律。不管你是到伦敦科学博物馆目睹它的原型，还是仅仅听说过它，Hillis 希望它可以促使你思考未来。譬如，我们现在做的哪些选择是可以影响我们的生命周期之后的？我们能否成为好的祖先？

思考未来

"长现在"这个短语值得品味。我们往往会把未来视为某样远离我们的事物：我们未知或者仅是猜测的。但事实上，未来的很大组成部分已经在我们身边。有些甚至是十分清晰可见的，如基础设施：尽管很少有像万年钟那样持久耐用的，但我们已经开始重视保护当下及前辈的、可以作为下一代遗产的事物：如标志性建筑物、公园和森林、电影和相片、手工制品，还有国内及国际众多为保存网络资源设立的项目，因为网络是目前诸多文化交流的载体。

还有一些未来事物的发生并不受人瞩目，我们可能尚未发掘它们。我所工作的未来论坛目前正在寻找这些"变革的信号"或者说未来的迹象。通过未来中心，我们收集、归纳并且标识这些信号，思考如果其发展成为主流，那么长远来看会造成什么影响。

譬如，我们听说目前全球最大的动物克隆工厂已经于 2017 年 6 月在中国天津竣工，耗资超 3000 万美元。[1] 到 2020 年，该工厂每年将可造出 100 万头牛，且从日本最负盛名的和牛开始供应。这家备受争议的克隆公司——博雅生命公司表示，这是满足人类对高品质牛排不断增长需求的一个渠道：随着中产阶层增长，中国人的饮食偏好逐步向肉类转移。事实上，荷兰拉博银行预计，到 2025 年中国消费的牛肉总量将比现在多出 220 万吨。中国制订的 2016~2020 年五年蓝图计划增加肉类和动物饲料的进口，目的就在于满足预期的需求增长。[2] 克隆技术实际上已经成形：只不过还存在商业推广上的资质障碍。另外，公众的接受度显然也是个问题——但他们可能根本不清楚真相？克隆的肉如何追踪？是否会出口，销往其他国家？美国已经接受来源于克隆动物的食物；联合国食物和农业组织则尚未有明确态度。

当出现类似这样的新事物时，会产生很多问题。即使某些已经可以看到清晰的发展路径（如到 2020 年会出现 100 万头克隆牛），其演化仍是会受制其他诸多决策和因素。还有一个窗口来思考这些问题，反思我们想要的是什么结果，谁具有影响力，这些人可以采取什么措施施加影响。对于未来的这种探究以及我们塑造未来的方式同预测未来是很不一样的实践。它表明，不仅是未来向我们而来，而是我们朝着未来走去，并且一路上改变未来。我们的作用比我们意识到的更大。

1.Alice Perepyolkina "World's largest factory for animal cloning to be built in Tianjin, China",*Futures Centre*, 10 March 2016.http://thefuturescentre.org/signals-of-change/5770/worlds-largestfactory-animal-cloning-be-built-tianjin-china.

2.Chloe Ryan, "Chinese five-year plan impacts on meat industry", *Global Meat News*, 9 November 2015 http://www.globalmeatnews.com/Industry-Markets/Chinese-five-year-plan-impacts-on-meatindustry.

我们都是未来的塑造者

为什么我们会羞于承认自己对未来有更大的影响？或许是因为这意味着我们需承担更大的责任。以记者为例，传统意义上，记者只是变革的报道者，也因此其常将自己视为被动的观察者。遵循言论自由的伦理原则，同时为保障公民获得真实信息和诚实观点的根本权利，记者的职责不是影响而是重现。但是，正如我在《未来研究期刊》一篇文章中的观点，记者的功能往往超乎被动的观察者角色。他们可以选择将哪些所见拿来分享，因此可以影响我们对于世界的认知，以及对于未来的期盼。

格拉斯哥大学研究人员发表于《社会政治心理学期刊》的一篇文章探讨了媒体在残疾人群和气候变化等领域的影响，结果发现负面的宣传报道会使人们的态度更加冷酷麻木，这一结果并不意外。[1]此外，还有一些研究发现，我们对于世界的看法影响着我们的行为——包括我们如何投票。[2]

这一以认知来塑造未来的能力属于我们每个人，而不仅是记者。

1.Happer, C., Philo, G. "The Role of the Media in the Construction of Public Belief and Social Change", *Journal of Social and Political Psychology*, 2013, Vol.1(1).http://jspp.psychopen.eu/article/view/96/37 [accessed 31 July 2015].

2.Mills, M et al. 'Obama cares about visuo-spatial attention: Perception of political figures moves attention and determines gaze direction' *Behaviour Brain Research* Volume 27, 1 February 2015,Pages 221-225.

Laber-Warren, E 'Unconscious Reactions Separate Liberals and Conservatives' *Scientific American* (2 August, 2012) http://www.scientificamerican.com/article/calling-truce-political-wars/ [accessed 31 July 2015].

我们孕育并且为之努力的梦想和抱负并不仅限于我们自己。与设计思维紧密相关的科幻小说也是如此。试想霹雳游侠那辆会说话的车，KITT：20世纪70年代还是一个梦想中的事物，而目前一些已经成真。通常，科幻小说可以分为乌托邦和反乌托邦两类：但现实往往是一个浑浊的中间地带，需要我们努力地理解它。

　　当然，还有很大一个未知的领域——并且还在不断增长。若遵循"光滑"的趋势假定，我们会以为自己了解什么即将到来。在数据获得上的极大便利可以让我们不断完善关于未来的模型，这也意味着我们几乎可以在同一时间掌握变革的发生。但同时，气候变化问题以及这个世界波动、不确定、复杂、模糊的特性决定这些预测可能被全部推翻。目前，很多模型所基于的假定在我们的气候变暖时，甚至之前就将崩溃。因此很重要的是，我们应当识别并且质疑这些假定，思考若发生更深层次的变革，海面的涟漪会有什么变化。

"预演"未来

　　这种形式的反思会有很大的乐趣，因为我们可以从浑浑噩噩的被动观察者转变为主动承担角色的参与者。我们可以与这个潜在的新世界玩乐，假装我们居住于此。如果我们不让自己身临其境，就可能陷入 Cornelia Daheim 所谓的"预测疲劳"。[1] 她发现自己急需一杯浓咖啡，在一场国际创新研讨会上完成一系列有关加强现实的未来的演讲后。而且她还不是唯一有此感受的人：一家大型跨国公司未来研究中心的主管告诉 Daheim，需要给他来个连续三枪！据报道，他称：

1.Future of Business, ed.Rohit Talwar, pp.482—489.

说实话，我觉得这些趋势预测的东西很无聊。十年前，当我开始这项工作时，我对未来充满了兴奋……但现在，我似乎只是在不断比手势……未来已经变得陈腐不堪。

Deheim 发现企业的预测实践已经成为广泛采纳的职业性行为——"系统性分析未来的可能发展趋势、考虑合适的应对措施"。她表示，路线图及情景报告越来越普遍，但其帮助可能并不大。且风险是思考未来的真正价值，即应对不确定性的能力可能会在这种"千篇一律的对于全世界都认可的、我们觉得对其了如指掌的发展趋势的讨论"中丢失。

Daheim 提出了 4 个建议来化解这种预测疲劳。其中两个鼓励人们去思考、感受自己的生活和所处环境会受到何种影响：如何与这些新事物共处？是否需要不同的行为方式？人们有哪些选择？孩子们的生活可能受到什么影响？ Daheim 表示，一个推动这种反思的方法是鼓励人们将自己的故事以及对未来的期许和恐惧拿出来分享。不同于做一个润饰好的演讲，我们可以归集一些变革的信号，并且邀请人们来讨论这些信号的可能含义。

这也是我们通过未来论坛的未来中心正在做的事情。譬如，我们开展了持续一个月的讨论，探讨如何以一种对我们及星球的健康和福祉都有利的方式工作。这样的讨论可以激起大家的以全新视角去想象的兴致。工作往往与社会状态相关，但如果工作给我们的是仿佛停工时一般的活力、轻松呢？一些参与者表示讨论让我们重新思考了自己在这个地球上的位置："我们来源于自然"，Mark Morey 提醒道。Gwyneth Fries 分享了一部名为《自然 RX》的视频，其中将"自然"视为可以拯救那些压力导致的苦难的解药。视频中的旁白这样解释："自然可以减少那些愤世嫉俗、无所事事、自寻烦恼和致命的暴怒！"Timothy Mark 进一步延伸道：在人工智能越来越多介入我们的工作后，与自然更紧密的联系有助于缓解我们对于自己的原生恐惧？

Daheim 给出的第二条对抗预测疲劳的建议是将预测视为一种体验，并且邀请人们加入。游戏、创作小说、预演（演练未来场景）等可以帮助人们加强与另一个可能居住的世界的互动。澳大利亚院线公司 Boho Interactive 目前正与瑞典公司 Miljoverkstan 合作开发这样的项目。Miljoverkstan 意为"环境工场"，是一家旨在帮助 3～25 岁年轻人接近自然的组织，尤其是那些出于一些社会—经济的或文化原因罕有机会亲近野生环境的人群。项目选址在斯德哥尔摩南部自然保护区平坦湖，原因是这里存在众多物种的交集：如在美丽的森林里，你可以找到橡树、松树和杉树（有些已经有 500 年左右的历史——比我们的生命周期还要长的"现在"），也可以看到游泳的人、遛狗的人、流动的工人和他们的大篷车停车场、木屋和来自周边郊区的入住者。

Miljoverkstan 想要让年轻人更多感受这个区域的复杂性，因此邀请 Boho 公司设计了一个交互性游戏，在游戏中学习、对话。游戏基于 Boho 公司在堪培拉的一次活动开发，据其介绍，该活动"有部分剧院秀、部分讲座、部分棋盘游戏"，目的是帮助参与者建立"系统思维"。正如 Boho 公司表示，"系统是指事物间相互联系，当部分事物改变时，其他的也要相应反应。这种关联通常和事物本身一样重要。"[1]

（如我在引言中提及的，在我们生存的世界里，无法简单地将一个变化叠加到另一个之上，而后预测总的变化结果。影响因素往往是

1.http://www.bohointeractive.com/.

变幻无常的。这也是为什么我们应当齐心协力地评估我们将走向何方、我们想要什么样的结果以及我们能采取什么样的行动）。

Boho 游戏的第一幕称为"最好的节日：如何管理一场灾难"。其将音乐节比作一个复杂的系统，以一种观众未预期到的方式让其感受一场音乐节的举办涉及多少相互关联的环节。参与者（10~25人）围坐在一张桌子旁，被赋予包括策划、制作、出品在内的不同角色。在表演进行的60分钟内，其需要处理不断升级的各类混乱状况。参与者表示，游戏的乐趣无穷，且看到了"一个有意思的事情链条，这些在以往看来可能毫不相干"。[1]试想，瑞典的年轻人在思考平坦湖的未来时会收获多少乐趣——一条可以滋养其自身以及往后数代的湖泊。未来，这些年轻人可能会成为其管理和设施的设计者，以一个发展变化的眼光：如如何与社会的老龄化兼容？如何应对不断增加的难民群体。

Daheim 提出的另外两个缓解"预测疲劳"的手段有赖于数据设备。第一类与扫描相关：我们如何观测和记录变化。包括预测的自动化、运用日臻完善的数学算法识别那些超出标准版本的新创意、新趋势。这样做，可以实现更快、更大范围的扫描，也可以更有效地分类。分析师还可以免予烦闷的数据管理，更专注于评估和分析。

评估是一个令人振奋的环节！它使我们又回到度量什么、如何度量的问题上。Daheim 强调一个整合传统分析框架的综合性定量定性分析法。比如，你可以将描述未来场景的叙事性手法与一个考虑多重影响因素的模型系统结合起来。这可以让你探究到当多种因素共同作用，

1.http://www.bohointeractive.com/productions/best-festival-ever-how-to-manage-a-disaster/.

或者是剔除一个特定因素时会呈现什么结果。这样的工具会如何影响一个机构的决策？Daheim 希望传递这样一个信息："未来其他发展路径的潜在影响在某种程度上决定了决策者们今天所应采取的行动。"

前瞻性地设计

在比较不同考量手段的同时，还有一个问题就是，我们应当考量哪些东西呢？作家、生物学家以及可持续性倡议者Janine Benyus 对企业经营策略的影响比多数人都大。作为仿生学 3.8 的创始者，她鼓励企业将此前 38 万年，即生命在地球上起源的时候（比万年钟长得多的时间跨度）视为一个装满已经论证的创新和解决方案的大型仓库。她希望看到城市和文明社会能提供和生态系统一样的服务：净化水资源、改良土壤、采集和存储碳。想象一下：你的城市不再通过从周边攫取生命来发展壮大，而是犹如一个生态系统，经由亲生物的设计来充实它——有点类似我们在第二章提到的鱼池，只不过发生在整个城市的范畴。

Benyus 表示，真正以这种方式重建我们的城市和基础设施的关键在于考量的方式。在新加坡国立大学对一群现在和未来的建筑设计师、工程师演讲时，她指出：

我们需要将生物学运用到考量中。我们应当思考我们想往怎样的标准前进，我们的设计真正想实现什么。[1]

她自己的答案是"慷慨地设计"：做那些有利于生态系统的设计，

1.The Architecture Lecture, 8 March 2016, Janine Benyus and Paul Hawken, National University of Singapore http://www.sia.org.sg/current-events/743-nus-the-architecture-lecture-2016-janine-benyus-and-paul-hawken.html.

让这些设计所能回赠的多于索取的，从而长久地保持韧性。譬如，难道我们不能像植物细胞那样，暴露在阳光下，并且将二氧化碳融入建筑的构件？格兰泽尔电池就是一种先进的太阳能电池，它模仿大自然吸收光能的过程，进行类似的人工光合作用。这只是众多绿叶仿生创新的一种：它能否启发城市采用新的能源系统，如将所有能照射到阳光的顶层都覆盖上渴求二氧化碳的绿色植物？

仿生学 3.8 的生态绩效标准提供了一套框架，可以帮助规划者和决策者从一个更广博的生态系统的范畴考量各种设计因素。[1] 评价的标准根据当地的环境调整（不像 Boho 游戏适用于自然保护区），可能包括夏天时阴影和阳光反射可降的温度；每年储存的碳总量、降水量、吸收和净化的空气颗粒、土壤储存高度。

谨慎的价值

Benyus 担心，这么大规模地开展创新而又不谨慎考虑后果，要么会让我们陷入更大的危机，要么会导致资源的巨大浪费。人造生物就是一个她认为没有考虑周全的领域。2010 年 5 月，非营利研究机构 J. Craig 探索研究院宣布创造出了全球首个完全由人工合成的生命体：一个可自我繁衍、基于人造基因组的单细胞生物体，基因组从实验室的

1.Anna Simpson, 'Rewilding the workplace Ⅱ: What can workplace design learn from nature?', Medium, 9 March 2016 https://medium.com/@FuturesCentre/what-can-workplace-design-learnfrom-nature-5e514049dfe2#.2r2xu5l37.

DNA 库合成得到。[1] 这一突破激起人们对于人造农作物的期盼，以期能吸收更多碳，制造更多生物燃料。但是，《地球朋友》杂志的一篇文章发表了对于基因污染的担忧——"人造生物的产生对自然界的原生物种造成了实实在在的、毁灭性灾害"，文章认为这一创造对生物多样性、环境以及公众健康构成严重威胁。[2]

在这些基因工程师推动创新时，是否有人真正对于其意义有坚定理解？生物体并不是孤立存在，而是一个系统的组成部分。Benyus 在接受《连线》的采访时表达了她的担忧：

让我感到恐惧的是，我们总是在完全理解生命的复杂性之前相信我们真的能创造出生命。在创造生命体问题上，我是审慎原则的坚定拥护者。我担忧我们总是赶在自己之前。世界上确实有很多事物可以仿真，但是在我们对于自己所做的有更多了解之前我不认为我们应该去制造那些可以自我繁衍的生物体。[3]

另一个高期望与强恐惧并存的领域是地质工程：指为应对气候变化对大气层实施有目的管理的行为，相对于那些已对我们产生影响

1.Press release "First Self-Replicating Synthetic Bacterial Cell", J.Craig Venter Institute, 20 May 2010.http://www.jcvi.org/cms/press/press-releases/full-text/article/first-self-replicating-synthetic-bacterial-cell-constructed-by-j-craig-venter-institute-researcher/.

2. "Synthetic Solutions to the Climate Crisis: The Dangers of Synthetic Biology for Biofuels Production", Friends of the Earth, September 2010.https://www.cbd.int/doc/emerging-issues/foesynthetic-biology-for-biofuels-2011-013-en.pdf.

3.Marguerite McNeal, "Janine Benyus: Inventing The Eco-Industrial Age", Wired, July 2015.http://www.wired.com/brandlab/2015/07/janine-benyus-inventing-eco-industrial-age/.

的、造成温室气体排放以及侵蚀森林和泥炭地自然碳储备的工程项目。2007 年，"原始地球挑战"的 Richard Branson 提供了 2500 万美元的奖金，来征集"一项至少在十年内可以或者看起来可以每年都净转移大量人为温室气体、同时可以在商业上运用的设计。"该项奖金至今都无人获得，可能是因为目前还没有相应的市场机制（如碳排放税）来提高有关技术的商业可行性。但讨论还在持续。未来论坛在 2011 年刊发了一个有用的释疑：

> 问一个人你是否喜欢地质工程就犹如问他是否喜欢毒品。哪些毒品？什么情景下？娱乐还是医疗需要？……理智的讨论应至少将这一专业技术分为两大类：那些以清除大气层中过多二氧化碳为目标的（应对全球变暖的主因之一），以及那些以降低地球表面的光辐射为目标的（降低地球表面温度，而不追究温度上升原因）。前者有时被称为"碳负排放"策略；后者则称为"全球暗化"。英国皇家学会喜欢用术语来表达（或许这样更为准确），分别为二氧化碳移除（CDR）和太阳光辐射管理（SRM）。[1]

在多数情况下，人们会把地质工程视为危险的行业，而未进行上述区分。就像人造生物，任何对复杂系统的干预都可能导致不可知后果。但是难道没有更稳妥的方式吗？

哈佛气候专家、运用物理和公共政策教授 David Keith 就不这么认为。他在"长现在"基金会有关推动长远思维的月度系列研讨会上分

---

1. "Under New Management：Can we re-engineer the climate?"，Green Futures Special Edition，March 2011．https://www.forumforthefuture.org/sites/default/files/images/GreenFutures/Under_new_management/UNM%20low%20res.pdf.

享了自己对于"稳妥地质工程"的建议。相对于 Branson 2500 万美元悬赏，但至今未有眉目的"良方"，他建议"采取一种渐进、低成本、易于逆转的研究方法，将实施建立在当地所做研究基础上，并且在设计初始就考虑最终的关闭问题……这样的体系是透明、耐心的，每一步都只在之前阶段都被证明成功后才启动，只在需要的时候执行，并且以相同方式退出。"[1]

在碳工程领域，Keith"耐心"但灵活的方法需要反复的反思和学习。只有一路上根据需要对方法适时调整才能达成长期目标。我们不应当将箭盲目地射向一个预期但未经考证的未来，而应当通过持续的观察和探究逐步建立起一个期盼中的、有可能实现的未来。

系统设计

Keith 方法还指出，任何解决方案都需要从你想干预的系统中寻找，而不能脱离该系统。如果你想改造一个系统，那么就应当拥有系统化的思维，不间断学习这个系统运行的方式，考虑如何确保措施有效。这也是未来论坛提出的成为系统思想家 7 个渠道中的一个。我们已经提及了 7 个中的 3 个：建立全局化视野（如最好的节日游戏或平坦湖）、考虑不同的时间框架（从 38 万年前到 1 万年前）、以不同角度思考问题——第二章提到的。

第四个建议是认定"所有模型都是错的，但有一定的作用"——这也是 George Box 提出的统计学上的一句有名格言。其认为模型只是

1.David Keith "Patient Geoengineering", The Long Now Foundation, 17 February 2015. http://longnow.org/seminars/02015/feb/17/patient-geoengineering/.

建立在多种潜在影响因素之上，因此永远不可能是"精确"的。或许该模型可以被很好执行，并且对我们的决策有所帮助，但是最终的现实往往是不一样的。我们不能预期未来可以完全复制模型。这是我们考察一个复杂、适应性系统的关键。

为什么记住这一点很重要？美国统计学会在 1976 年首先给出了答案，"就像设计出简单、易记的模型是伟大科学家的标志，过分阐释和过多参数则通常是平庸的象征。"我们的认知会因过分依赖模型而阻断，我们花越多精力去界定它，我们的想象力越有可能受到局限。这一理论同样适用于那些我们赖以生存的系统（法律、经济、社会的）。

那么我们应当如何运用思维模式来使自己脱离现有系统呢，即便同时我们正努力了解它？这是一个系统创新者应当接受的悖论。就像看到薛定谔的猫（同时可能是生或死，尽管逻辑上行不通，但对于观察者而言确实如此）。

对此，搜索变革的信号是一个有用的实践。最充分的搜索过程应当是集结了不同视角的不同人，以此来尽可能地扩充视野所及之地。捕捉变革信号，即那些超越现存系统的创新有助于更好地看清系统构成的参数及特征。它们可以揭示哪些元素是格格不入的，以及系统面临怎样的挑战和威胁。换言之，一个持续的扫描和分析过程可以帮助识别系统的弱点，而这些缺口可能孕育新的生活和工作方式。

搜索那些可能对系统造成干扰的变革信号的难点在于，在众多变革之中如何确定相关的。举一个未来中心的例子，我们曾经与"可持续海运业倡议"组织合作一个项目，旨在预测海运行业的未来趋势。作为项目的一部分，我们寻找了那些可能对海运业现状构成挑战的变革信号，借由此来锁定海运业的薄弱领域，或者可以用来测试一些可持续创新的窗口。多数我们掌握的信号都与提高效率相关，如利用外骨骼来缓解码头搬运工人的重压，或者通过生物机械学上的创新，模拟海豚游泳的方式来增强推进力——提高速度，同时节省长距离航行的耗能。但是，最受海运业专家瞩目的并不是"船"的问题，而是"羊"的问题。在威尔士，无线路由器被装在了羊的颈圈上，以此来改善农村地区的无线漫游能力。联通信号对于海上航行的船也是个大挑战，并且成为下一代选择航海职业的掣肘。因此，借助游动的鱼群和迁徙的鸟类来拓宽无线网络激起了大家的想象。

锁定变革信号、思考其还可以运用在什么领域对于拓展我们的视野很有帮助——但是我们应当如何从头脑风暴转移到真正识别那些可以带来可持续发展的大规模变革的机会上呢？我们应当如何追踪那些既在当前系统中可行（商业上的，如 Branson 要求的）也可能转变整个全局的变革呢？这意味着我们寻找的不是独立的变革，而是一系列因素的集合，从科技、商业上的可行性和赞助者的利益，到受制于其他压力之下的对于变革的态度。

成为优秀系统思维者的最后两步有助于解答这一系列问题。其都与形态相关。Sephanie Draper，领导未来中心的一个研究小组，专注于寻找那些在系统化改造上有很大空间的领域。有趣的是，他将大部分时间都花在了玩螺旋画上，像一个八岁的小孩一般。（你可能不记得，它由几层塑料构成，你可以将圆珠笔插进去，而后旋转，进而画出复杂的图形）。这一游戏项目激发了她对于图形的热情。她对它们充满了好奇——不但找出了与游戏中曲线以下区域相关的数学算法——还拼命找寻其他地方存在的图形。

Draper 意识到，这些图形不仅美丽，而且含义丰富。她研究了

1854 年伦敦霍乱制造者 John Snow 的案例，发现几个爆发地点都与水泵的位置密切相关。这表明疾病实际上是通过水传播的，而非此前认为的空气传播。这个发现随后推动了下水道系统的革新。

水、环境卫生和疾病的关联也许在目前看来很清晰，但当时需要有革命性思维来理解人类健康和所处环境的关系。一个描述当下的恰当的例子是微生物，正如我在第二章中提及的：我们已逐步理解人类免疫系统与寄存在我们嘴巴、肠道和皮肤上的细菌的关系。过去数十年，我们都不遗余力地消灭那些能保护我们免予疾病的细菌；现在我们终于意识到，建立起暂时的无菌屏障，实则是在削弱我们自然的防御系统。

这些案例表明，我们的健康有赖于我们如何理解所处的系统。认识系统中不同组成部分间的关系也是成为系统思维者的一步。还有最后一步是基于我们所发现的进行有效的干预。

学习的旅程

机构可以通过制定规则和评估机制鼓励员工进行反思，当然还应当营造一个文化，让反思不单是可选事项，而是成为日常实践。台湾淡江大学教授 Soial Inayatullah，是一名未来及创新领域的政治科学家，他发现把每一次干预都视为一段学习的旅程时最为有效。数据在自我阐释时会极大膨胀，令人怀疑。那么一个机构如何鼓励员工思考其所处系统之外的新的可能性，并且与之互动呢？一种方法是进行Inayatullah 所谓的"双环学习"。

在单环学习过程中，员工可以基于已出现的未来信号检视所在机构的战略，并且寻找方法加以完善；双环学习则是帮助他们审视企业自身。你是否进入了正确的企业？你如何来到这里？是否促使你来到这里的因素依然存在？是否需要选择一个新的机构？这些问题都会带来不稳定。所有对于未来信号的搜索、对于其意义的反思，以及观测图形时的美好和对其含义的思索，在个人变革的挑战面前都不再急迫。因为（正如格言所言）机构的或者系统的任一重要的、持久的变革都始于其自身。

在第四章中，Trishal Ghelani 介绍了哈伯岛上的一所学校（经历的一段学习旅程），在那里她认识到文化对于创新的重要性。Ghelani 向我描述了她在岛上的第一周，当时的练习主题是"动机"。首先，"告诉大家你为什么来这里"。在我写这本书时，她向我提出的第一个问题也正是："你能告诉我，是什么促使你今天来到这里？"她边喝咖啡边激动地说，鼓励我回忆生命里到今天为止我认为重要的事情。随后，她又发问，不仅关于我的过去还关乎我的现在：我是如何来到这里的？是否是受冲动的牵引（如一次令人愉悦的偶遇，并且想继续对话的欲望）或者是设计好的？如果是这样，我想给予这次偶遇什么，又带走什么？[1]

通过选择那些致使你到达某个时刻的事件和决策的时序，你有了一个关于自己过去的故事。奇怪的是，回顾过去会影响未来。你越经常提出疑问，你越可能预测它的答案。了解你自己最微不足道的结果可能是做出一个好回答。想想你错过了哪些机会，而不要花时间问自己到底想从这次经历中得到什么。如果我们对自己的动机保持清醒，我们就可以朝着它们努力。这样的直接结果可能如提出一个问题一样简单，但却有助于带来新的可能性。

1.Interview with author.

（品牌通过因为不了解顾客想要什么而屈尊于他们。我的第一本书，《品牌策略师如何了解需求》中鼓励品牌策略师和人们一起工作，以了解其生活的动力来源于哪里，不管是对社区的需求还是对冒险的向往、他们的美学、他们对活力的追求或者是对目标本身的渴求）。

哈伯岛学生在第一周接受的另一个训练聚焦于与其相伴的人（根据列夫·托尔斯泰《三个问题》中聪明人的说法，这是世界上最重要的人）。Ghelani 这样描述：

"我们面对面站成两圈——外圈的人坐着，而里圈的人站着——站着的人从坐着的人手上拿了一张纸，并且在十秒内描绘出他的脸，随后传递给后一个人。你想，"我第一次见到这个人，而且直接盯着他们看。"在这个过程中，我们专注于某人，思考他们到底是谁。最后你会意识到，我们往往在和人的交谈中迷失了，甚至没有花时间仔细地看看他们。"

第三个练习将关注力转移到了自己身上——同时融合进了学生的过去和现在。学生被要求"反思三件改变了你的事情"，也因此形成了每日冥想的习惯：前一天发生了什么改变的事情？你从自己身上学到了什么？你会因此作何改变？没有这样的提问，你丰富多样的人生经历可能不会带来多少影响。你可以生存，但为了生存你会固守于为此采取的策略。创新不太会发生，因为你可以发挥的空间所剩无几。你无法以开放的心态接纳多样性，而是专注于那一点有助于保持平衡的行动，在这个过程中，你的成长被限制。

Ghelani 表示，以这种方式反思只是一个开始，分享你的反思结果更为重要。"因为这可以让你不惧攻击。"在反思完三件改变他们的事情后，学生还需要画一张图，以此向团队描述这些事情。"你在画图时，不会意识到这件小事有多重要"，她说道，并且又一次表达这件事对她的思维方式造成了多么深刻的影响。"如果你敢于将自己个人的事拿出来分享，那么你就可以接受将那些在工作场所影响你的事讲出来。"

在哈伯岛时，Ghelani 所在的团队还被要求根据模板制作一张"文化"地图，将船比作文化，将价值比作锚。

"最好的事情是在画完之后我们就不再看它们！我们所学不是为发表宣言，而是建立持续练习的习惯。每天都反思，就像在绘制一张情绪地图，在上面记录下你每天的感受。"

通过这样的练习，学生们了解到自我反省对于集体工作的意义。定期反思自己行为的影响，以及他人行为对自己的影响，团队在这些学生看来会越来越像一个持续自我调整的系统，而不仅仅是一个将具有不同兼容能力的独立个体以固定方式集结起来的系统。他们不再感觉是被动地被安排在团队中，需要去调整适应它，而是问自己可以做什么去润滑团队运转的链条。

鼓励每天练习

哈伯岛提供了工具和方法——但更重要的是，学生们从中了解到如何反思是一件事，如何养成反思的习惯又是另一件事。没有定期的练习，任何一个初衷良好的文化计划都无法达成。正如企业战略家 Peter Drucker 在报道中所言，文化的缺失会吞噬掉整个战略。

Ghelani 自己就有过这样的经历。这也是她的第一个创业项目失败的原因（和朋友合伙创立的一家初创公司，旨在提供手机应用软件，便于女性遵照自己的身材购物，免予时尚行业那些紧身衣的困扰）。她告诉我，创业第一天她便与朋友约定：共同投入，共同面对困难，并且保持乐趣。但此后合伙关系依然陷入"一个主导一个服从"的状态。Ghelani 感觉自己的想法不被重视，慢慢背离了创业伊始坚定引领她的初衷。那时候，她以为自己只是一个典型的"千禧一代"：有着高能量和大野心，但最后沉浮于世——或者变得腐朽老套。几年以后，在仅仅进入哈伯岛几周之后，她意识到自己所经历的失败源于缺乏分享。她现在觉得，如果当时能够坚持每天反思，并且学会一些简单的表达，如"当你打断我时，我会认为自己的想法毫无价值"，那么与朋友的合作也许会有好的结果。

可以供人们开放、真实分享，而无须考虑影响的场合并不是随处可得。目前一个可以满足礼仪需要的场所是修院，在世界众多国家都可以找到。这些解压场所定期将人们召集在一起，组织瑜伽、冥想、自愿劳动，或者要求人们像一个永久社区一样居住在一起（储水、灌溉、准备食物）。此外，定期为大家提供几分钟时间，与他人分享自己的感受。

我曾经问过 Dharmalaya（印度喜马拉雅山麓一家拥有耐用建筑工场的解压之地）的旅客是什么促使他们在这里分享。他们提及了三件事情。第一件事，在修院遇到的人们往往经历了"内心旅程"：他们来此因为发现了反思的意义。第二件事与其如何反思相关：冥想是观察的过程，而非判断。如果你不对自己的行为做出评价，并且做出负面反应，那么你就不太可能去评价他人——或者招致他人的评价。这有助于创造信任的文化。第三件事涉及"圈"的架构：谁领头，他们要求你做什么？积极的方面包括腾出时间交流分享，不管你是否发言；做一个不会打断你或者质疑你分享内容的倾听者；分享你"当下"的感受，而不用展示自己的来世今生。圈本身的形式也很重要：在同一个水平面，每个人都可以看到其他人，没有谁被要求或者被允许站在台上。

视角的重要性

如果反思从自我开始，它不会止于自我。我知道，探究复杂的事物需要多重角度。另一个问题是：谁去分析和解释它们？在众多学术和职业信条中，分析是专家的禁区。正如记者往往未能聚焦报道的事件本身，分析师的视角也会脱离研究的对象——为追求理想中的客观性。在这个过程中，他们不自知地有了偏见，创造了有失偏颇的论断，舍弃了核心的分析视角，尤其是对研究项目本身的认知。最近，在意识到这一问题后，他们都努力地想找回这些视角（给予它们话语权），并且坦诚自己的偏向性。这样做可以让他们避免对一些不可避免的后果承担责任，也能免遭质疑。但如果这些视角真的可以被摒弃呢？

客观事物或许有自主意识。但有这么一名软件开发员及系统思维者，他认为客观分析师的概念应该有多种不同的解释。他开发了一个系统，人们在其中分享自己故事的同时，还需自行判断其可能影响。他的名字叫 Dave Snowden，是"认知边界"的创始人。该组织致力于帮助人们认识复杂的社会系统，代表作是 Sense Maker。这一项目被视为"分布式人类志"的首个范例，其以一个简单的框架替代专业分析师的功能，让研究的对象可以阐释自己的经历。参与者需要在一个用户友好的平台以叙事的方式分享自己的经历，而后在同一界面、通过回答设置好的问题描述对其的理解。这些"回答"，或者说解读由软件收集整理，并且以离散图或者图形的方式展示出来，以揭示出那些共性的理解或者共同的经历。这些成果随后还可以由研究团队加以运用，通过探究离散图背后的故事，更深入理解引发这些共同感受的因素。

2012 年，3 家顶级政策研究机构被委派根据 Sense Maker 对新加坡的公民开展调查，主题是 "2022 年我们将如何管理自己？" 治理问题是新加坡面临的一个重要挑战。过去 50 年，这个国家几乎用同一个策略管理所有，2015 年是其作为独立国家成立的 50 岁生日，同年通过了首个总理李光耀的任命。这一"仁慈的独裁者"被视为新加坡的开国之父。

事实上，在上述调查启动的 3 年前，有关"新加坡的未来在哪里"的问题已经引发公众讨论。调查询问了 600 名受访者（受访者的详细信息可在网络上查阅），"告诉我们十年后你的生活会是什么样的。"[1] 被调查者可以畅所欲言，调查的内容表面上看与治理没有任何关系，只关乎民众的生活。随后，被调查者需要考虑政府与其所预期的未来是什么关系。这一看似间接的调查可以让民众更轻松地讨论敏感话题，同时去发掘政府管理与自身生活可能存在的、此前并未察觉的关联。

被调查者被要求在一张可视地图上描绘出 2022 年自己的可能感想及行为方式。地图上是一个三角形，每个角代表一种选择，受访者可以在两个角之间的任何地方画个叉。问题是，我会以何种标准评价一个政府：

---

1. "Governance in 2022: Findings of IPS Prism Survey", Institute of Policy Studies, 28 January 2013.http://old.cognitive-edge.com/wp-content/uploads/2015/04/IPS-PrismSingapore.pdf.

★ 促进经济增长（三角形顶部）

★ 改善人民福祉（左下角）

★ 给予民众自由权（右下角）

随后，受访者还需要在一个刻度尺上描绘出政府的位置。一边是"支持新思想，不管过去如何"，另一边是"固守于传统，忽视新思想"。最后，600 名受访者的回答被回收整理。

结果显示，三角形的左下角——政府应致力于改善民众福祉有密集散点，超过 60% 的选择集中在此区域中或者边缘。另有 18.4% 的选择分布在左下角与顶部的边缘，但远离右下角，表明受访者更多期望政府可以促进经济增长、改善民生，而非赋予自由。通过这些散点图，可以得到这样一个结论是，"如果每个人都努力工作、并且有尊严地生活，那么整个社会将更加的愉快和安全。另外，散点在左下角聚集、而远离对经济增长和自由的向往，表明"人民应当是社会的核心，而不是那些生产力指标。"

这些结论反映出新加坡民众对于政府所应发挥的社会功能的一些主要期望：

1. 人民所需的主要提供者应当是政府（而不是企业或者社区）

2. 不能将任何一个人落下

3. 年长者应当得到政府的首要关注，但不能以牺牲年轻人为代价

4. 政治体系应当确保整个社会的利益和关切都得到关注

"主要的提供者……国家的第一要务"。你可能会注意到，这些调查结论并不指向特定的行动：其回答的问题不是"政府应当做什么"，而仅仅揭示一个对于优先序的偏好。我们马上会讲到为什么这比直接提示行动来得有意义。

如果你能将 SenseMaker 运用到治理问题上，你就同样可以将其运用到文化领域。Snowden 和"认知边界"的团队已经开发出一个雏形，名为 CultureScan，目的是便于机构在文化领域进行有关运用。[1]

"实现变革最简单、最易于理解的方式不是讨论我们应该做什么，或者承认不应该做什么。而是应该去询问各个阶层的人们（不单是领导者），我们现在能做什么以创造更多这样的故事，减少那样的故事。通常你得到的反馈以及你的干预机制不会涉及整个文化的革新，而仅纯粹建立在日常的工作和需求之上。"[2]

了解文化的内涵

像 SenseMaker 这样一个为了去中心化研究而设计的工具，如何能为日常工作和需求提供帮助？我们首先澄清 Snowden 在大多数机构的"文化能动性"上发现的问题——这种能动性受到了员工的支配："它会促使员工在如何反应上进行押注，并且顾问鼓励这么做。换言之，由于员工已经精明到知道应当重复管理者想听的话，因此他们会宣称成功。"这样的文化改进只会在被需求时存活——并且只存在于需要被看到的地方。更持续的变革往往是让人们感受到切身利益的。正如新加坡的研究机构了解到 600 名民众需要国家治理如何保障其未来生活，而不仅仅探究"治理"本身。因此 Snowden 认为，识别并且有效推动文化变革最好的途径是让人们来讨论结果、讨论切身经历："文

---

1. http://cognitive-edge.com/scans/culturescan/.
2. Dave Snowden, "The evolution of culture", Cognitive Edge, 24 January 2015. http://cognitiveedge.com/blog/the-evolution-of-culture/.

化很少会因为讨论人们应该怎么做而改变",他说道。

那么 Snowden 设计的雏形是如何运作的?同样,它有一个用户友好的界面,机构可以自行调整(嵌入机构名称等)以优化使用。其中的开放性问题与你自觉或不自觉谈论机构文化时的典型场景相关:"如果你的一个密友正考虑是否要成为你的同事,描述一个你可以告诉他的经历或事情,以便于他了解你所在机构的有关情况。"

被调查者随后同样需要在一个三角形上找出能最好描述这些经历的点。比如,"决定是出于理性(顶部)、自我反思(左下角)或者直觉(右下角)。"又比如,"动力来源于决断力(顶部)、同理心(左下角)或者必要性(右下角)。"

为什么要设计成三角形?一个原因是它不需要使用者作出非此即彼的选择。众多文化的因素都不是相互排斥的:在三个点间进行描绘可以反映出侧重点或者倾向性。使用者还可以选择三个点的中心,表明其经历是相对平衡的,又或者与三个点均无关。后者也是为什么要多设计几个三角形以询问不同问题的原因。

处理定性数据和分类是两项不同操作。Snowden 解释道,在你做分类时框架优先于数据。你可以得到清晰的结果,但可能会忽略一些细小差别:那些事先没有预期到的结论可能不会被捕捉到。而在 Senemaking 模型中,数据高于框架。[1] 三角形的运用替代了框架的功能:在离散集群被识别后,数据会被自动分类,同时生成与图形相关的适当解释。

1.The Cynefin Framework, Dave Snowden [Filmed talk], 11 July 2010.https://www.youtube.com/watch?v=N7oz366X0-8.

創新友好型组织 | The Innovation-Friendly Organization

　　上述所有过程都旨在帮助人们增进对复杂事物的了解。在一个充满快速变革和持续自我调整的世界，没有直接的因果关系。一个因素与另一个因素间的关系会不停地转变。与之相对的是流程图：先 X 而后 Y。对于简单的事物，分类的结果可以提示具体的行动。但在一个复杂的体系，一件事与另一件事的关系不能简单归结为原因和结果：会有其他因素发挥作用，并且结果会是多重的。此外，若是一个混沌的体系，事件之间可能不会有可理解的关联。在这样的体系中，流水式的框架是无效的，事先区分的类别也是没有帮助的。这让我们想起了乔治盒子的含义：所有的模型都是错的。

　　如果不事先决定如何理解世界，我们就可以更细致地倾听或者感知。最终我们眼里的世界也会更加丰富多彩。遵循此逻辑，你可能还会感知到声音或者气味，而这是单纯的分类可能会错过的。此外，这还可以避免根据数据提前确定一套所谓的"最佳实践"。在你充分开放地探知这个世界时，你怎么能知道如何应对呢？

　　因此，Sensemaker 的结果提示的是反思和反应——而不是即刻的行动。其所揭示的偏好和优先性可以指导下一阶段的行动：头脑风暴，并且着手创建改进雏形。此后，还可以再开展一次调查来了解这些雏形是否可有利于营造组织寻找的文化。正如 Snowden 所言，这些精心设计的干预措施是应当被"继续放大"还是"废弃"？

清醒的视角

　　通过发现、试验和反思创造一些超越既定框架的视角，对于创新而言至关重要。我们赖以生存的系统不但是纷繁复杂的，更是日益无序的：超出了已甚为复杂的预期，更不用说毫无先例。在这样一个无序的系统中，所有事物都是新奇的，所有的结果都会出人意料。如果你致力于创新，那么你就应当非常敏锐地倾听，捕捉那些超出此前预期的事物——包括那些现在可能看来温和、但不排除会带来大规模破坏力的微小事物。Snowden 曾警告："如果依然认为事情很简单，并且沉迷于自己的模型，那么你正处于无序世界边缘的自满地带，即将越过边缘陷入危机。"

对于更好地理解复杂事物的渴求激发了神经系统科学家及科技企业家在"深度学习"领域的热情，其通过电脑界面与人体神经系统的互动，比通过我们有意识地分享更直接地获取有关我们思想的数据。为什么可以这样？因为我们的语言已是分类后的产物：我们选择的语言表达将我们的经历包装成了"准备好要分享"的模式。也许未来，电脑软件甚至可以直接分析我们大脑的神经元，可以更全面地了解我们的想法。

来自孟买一家人工智能初创企业 Arya.ai 的 Deekshith Marla，想象未来的智能系统可以帮助山间小镇的咖啡店主计算出需要采购多少咖啡豆，通过判断下雪是否增加了客人对于热饮的兴趣，或者说冬天里客人都不愿意出门。[1] 那么是否这种利用人工智能探究复杂性的创新会取代 SenseMaker 之类的工具呢？答案是不可能。因为后者的价值在于既帮助我们分享经历本身，也帮助我们分享对于经历的感受。诚然，故事是整个过程的核心部分，但在地图上，我们只看到了与其相对应

1.Anjuly Mathai "The future of the mind", *The Week*, 27 March 2016, pp.16—29. http://www.theweek.in/health/cover/the-future-of-the-mind.html.

的图形。基于此，分析人士可以只做总体解读，也可聚焦于特定的离散集群，探寻那些细微的差别。

1974年，哲学家Thomas Nagel发表了一篇名为"若成为一只蝙蝠？"的随笔，揭示了人类想象力的局限性。他指出，作为人类，即便你能通过高频回声信号去感知世界，并且倒立在顶梁上，你也仅了解到像蝙蝠一样行动是什么样的："这并未回答我的问题，我想知道的是蝙蝠作为蝙蝠的感受。[1]

通常你可以拓展你的视野，但你曾经真的超越过既定思维吗？即使是在白天，Nagel的观点同样成立。此外，我们如何才能在决策过程中把多重因素都纳入考虑呢？只有通过合作。必须集结各方面的利益相关者，支持他们基于自身经历贡献自己的分析视角。

但很重要的是，即便是在一个多元化的团队，每个团队成员依然应当努力将视角拓展至既定立场之外。通过倾听、同理心，并且尝试从其他角度看问题，会形成新的理解。组织可以帮助我们对自己的视角及如何达成有更清晰的认识。其可以提供工具帮助人们增强感知力，不但对于所见，还包括如何见。

正如分析师的功能可以分散，研究者同样可以。一个组织可以鼓励每个人都培养自身研究技能，认清自己的知识边界，共同努力挖掘更多未知。新德里的一名环境教育家Pradip Saha，发现这是一个促使孩子们反思复杂世界中一些根深蒂固问题的有效途径，例如那些从事大面积经济作物耕种的小佃农如何才能更好地获取营养物质。

Saha在喜马偕尔邦一个西藏和印度人聚集的小镇组织了一个项目，

1.Ibid.p.29.

旨在鼓励当地青年人关注这些问题。项目没有采取给他们上课的方式，而是要求他们设计研究问卷，同时将他们分成不同团队，走访当地农民、教师和政府机关。Saha 发现，通过让学生主导自己的学习过程，其积极性被充分调动。在分享自己所学时，学生们不但谈论了问题本身，还谈论了看待问题的不同角度，频繁使用了"正如他们所见"或者"在他们看来"这样的短语。

通常，我们对于自己所见未能关注"怎么样"的问题。我们在自己的理解基础上做出反应，误以为这就是现实。训练正念有助于我们认清自己看待问题的角度——通过感觉，辅以我们过往的经历和思维习惯。以此看清自己的视角可以避免我们陷入其中，从而更娴熟地应对不同的处境和场景。

与正念相对应的"无思考的思维"，后者是每天思想的游离，前者则表示更有目的性和思路更清晰的思考。训练正念有很多种形式：可以安静地坐着，聆听世界或者呼吸的起伏，而不做判断或者解读。也可以将训练融入简单的日常活动，如走路、吃饭——许多运动员将跑步或游泳视为训练正念的过程。训练的关键是全面认知对你所做的事情。增进对于你所做的和你如何做的认识，可以让你更好地理解"为什么"的问题：今天是什么促使你做了这件事？你的意图是什么？是否其有助于达成一个更大的目标？正念的任务不是回答这些问题，而是促进我们去问这些问题。

坚持提问

没有理由不将正念运用到工作时间：对于我们承担的每个任务，

我们可以全身心投入地去感受、而不是反思其与外界的关联。即便是采摘蔬菜这样简单的事情，你也可以仔细观察蔬菜的反应。又或者当你参加一个会议时，你可以有意识地聆听：在会场上你感知到了什么反应？你是否能足够敏感地感受到那些无声的忧虑？

越来越多的机构在探寻鼓励员工在工作场合训练正念的途径。有的使用会在固定间隔鸣响的钟，以督促员工从工作上暂时离开1分钟，记住自己在哪里、自己是谁。还有一些机构鼓励员工每天进行15分钟的正念训练，以换取更为专注的一整天。

训练师可以帮助解答正念中可能会思考的问题（我为什么在这里？我是谁？）。其作用是提示你：提供一面没有好坏判断的镜子，倾听并且反馈他们所理解的，帮助你在思考的过程和行动中提高专注度并且更忠于自我价值。目前还开发了诸多训练道具，其中一个入门工具是"人生的轮子"。

在本章开头，我们讲到度量的问题：我们究竟想度量什么？一个创新型组织应该度量什么？生命年轮把这些问题都呈现在你面前：什么是你人生的第一要务，你最想努力达成的是什么？

使用者需首先列出最重要的事情，标注在轮子的每个辐条上，而后在一到十的刻度上描绘出目前的满意度，接近中心轴的得低分，靠近边缘的得高分。由此可以很快看出轮子的弱点在哪里。下一个问题是：你打算做什么来避免一路的颠簸，而踏上一个令人享受、开阔视野的旅程。

这样的练习可以为机构提供创新的源泉。它可以运用到某个特定的项目，鼓励拥有个人目标的员工去设定或者重申集体目标和度量标准，以提高创意实施的有效性。这些创意会产生哪些最主要的影响？

能否同时实现其他重要意图？这些重要问题无疑构成了一个真实的轮子。

2.5 纽带

60 年前，她从德州举家搬迁至印度，尽管这在当时不是一件正常的事。自那时候起，她开始研究喜马拉雅山麓地带人们的习俗与美学，并在景观设计和基建等领域加以运用——结合生态学的一些原则。基于在这些领域的深刻造诣，她被誉为印度农村地区可持续住房和园林运动的鼻祖。她的名字是 Didi Contractor。

两三年前，为了验证一个问题，她找来了一把长柄大锤，随后建了三堵墙：一堵使用烧窑水泥砖；一堵使用阳光下风干的压缩泥砖；还有一堵使用未压缩的泥砖。当她将长柄大锤敲打三堵墙时，你认为哪堵墙挺住了？

如果你认为会是使用了最强悍的砖的那堵墙顶住了压力，那么你会猜是烧窑水泥砖：每个砖都密集排列且被烘烧得很坚固。但在 Contractor 的试验中，这堵墙在一次撞击之下就已粉碎坍塌。承压时间最长的（据观察者，仅仅是裂开了小缝隙）是那堵未压缩泥砖。为什么呢？

根源于砖与砖之间的表面张力，以及相互之间紧密黏合的能力。坚固的砖和压缩砖较难与水融合，因此无法与其他砖黏合。而松软的泥砖可以守住水分，将水分保留在黏土的显微片状结构间。空间结构上的深度意味着其能更好地承受撞击，也能与其他砖块更好地熔合（有好泥浆时），以致几乎成为一个整体。[1]

一块坚固的砖无法造就坚固的建筑，因为起决定作用的是砖与砖之间的联系；同样，创造一个强有力的社会取决于我们相互之间如何关联。那些在变化的局势中拥有较强韧性的机构往往得益于员工间的纽带，而非个人的能力。"大锤试验"的过程实际上就是创新的过程。

创新会暴露出人与机构的脆弱性。新的工作方式可能需要员工尚未拥有、且较难掌握的新的工作技能。机构可能需要调整团队结构和人数，员工的贡献需要根据其所能发挥的特定作用来衡量（而不是看其是否全身心投入到工作之中）。这一结构性变革可能导致裁员，并且给个人生活带来严重影响。伴随作用的丧失，员工的价值感、归属感和目标——甚至财务上的安全感可能同时丧失。而他们的同事可能也不轻松，因为关切、有同理心，也因为他们的安全感和对组织的信任感发生了动摇。这种信任感的流失对于机构而言是一个很大的风险：其他关乎创新韧性的元素也会付诸东流——如多元化、忠诚度、好奇心和反思能力。

那么一个机构如何支持员工迎接那些可能显著改变其行动内容和方式的变革，而不给其带来恐惧或痛苦呢？

我想探讨的一个创新友好型文化的关键要素是建立纽带。当我们致力于追寻职业生涯的目标时，有必要思考我们如何独立于他人，又如何与他人并肩作战？当我们谈及成功的事业，我们关注的是个人职业上的成就。你的机构通过岗位的性质、职位、权限层级以及报酬等

1.This anecdote draws on a talk given by Mark Moore at Dharmalaya, Himachal Pradesh, 27 March 2016.

级帮你实现这一成就。而问题是这样的关注致使我们的能动性更多地与个人的成长联系在一起，而非集体共同的目标与成就；我们变得更多在乎自己的角色，而非工作的结果。这导致我们不愿接受那些可能有损自我角色的变革，即使它可能带来本追求中的结果。

但是，转移这种关注点是可能的，使我们在工作中感受到的价值和荣耀从个人身上更多地转向他人及我们的职责身上。个人地位的顶峰往往是不牢靠的，在集体奋斗中你却能感受到更持久的价值感，不论未来角色与工作内容是否改变。而这需要一种特定文化的支撑，其鼓励员工在共同目标的指引下开展群策群力。当我们持续延伸或者深化工作目标时，我们所追求的职业空间也会随之拓展。换言之，你应当增加池塘的面积，而不是让其中的鱼不断变大。当有青蛙跳进池塘时，涟漪会做出欢迎的姿势：它们带来了新鲜的空气。

Didi Contractor 在其居住的地方、喜马偕尔邦的堪格拉山麓实施了"三堵墙"的试验。泥是一种传统的建筑材料：耐久、便宜、对当地频繁地震有较强抵抗力。不幸的是，它却是当地居民争相远离的材料：他们将它用于搭建牛棚，而选择混凝土来搭盖房屋。Contractor 的目的是要证明土、动物粪便和水的简单混合能建造出更坚固的房子——而不仅是其他材料的便宜替代物。这是一个营销上的挑战，也是一个结构性的变革。在将人们的关注焦点从原材料的选择转移至其效果上后（地震后家安然无恙），她成功破除了优质住房供给的一道屏障。

在困难的环境中建立纽带

在一个等级观念根深蒂固、人与人之间关系靠社会交往维系而非源于多元化和相互依赖的文化中，建立纽带面临着不小挑战。

为了阐释一个复杂的社会、文化和政治环境如何阻碍联系、进而使变革变得更加艰难，我们来看立陶宛的一个有关改革动机和障碍的研究。2013 年，立陶宛维尔纽斯大学哲学系与伦敦塔维斯托克人际关系学院群体关系项目组共同举办了一场为期 5 天的研讨会，邀请了 27 名行业专家，其中 13 名担任管理层或领导者的角色。研讨会的主题是"在开放包容和建立纽带的同时培育和维护独立人格"。[1]

采纳一种新的共事方式对于解决立陶宛就业市场的结构性失业问题至关重要。这一市场并非没有岗位需求，而是立陶宛人缺乏与岗位相匹配的工作技能和态度。苏维埃统治下的立陶宛经济主要依赖基建、制造业和农业，独立后，在没有做足准备的情况下转向了服务业。工厂关闭，集体制的农耕体系崩塌，民众面临巨大的不确定性。

然而，研究发现阻碍这一经济结构必要转型的不是人的技能问题，而是思维方式。苏联统治时期，国民不存在工作、住房和社会保障的后顾之忧，以致对自己的人生和未来基本丧失责任感。机构和政府部门的管理方式"使人变得愚笨……致使众多抱负青年离开祖国。"

对于丧失独立性的恐惧阻碍了民众接受社会角色和关系的转变，在整个国家的国际关系处理上也如此。在近期立陶宛寻求独立以及加入西欧商业和市场体系的过程中，不断有关于独立与权利的质疑声产

1.Mannie Sher "Motivation, Resistance & Change in Organizations & Communities: a working conference based on Tavistock experiential learning methodology, director's report", The Tavistock Institute, November 2013.http://www.tavinstitute.org/wp-content/uploads/2014/01/Tavistock_Directors-Report-GR-Conference-in-Lithuania-2013.pdf.

生，如"如何在与强国交往的过程中维护我们的独立性？"在对依附于它国充满恐惧的背景下，"Independence"（独立）这个词便无法延伸为"Interdependence"（相关依存）。研讨会的与会者做了个比喻，在天堂里，一群快乐的人们拿着长勺在互相喂食；而在地狱，每个人都挣扎着喂自己，但都以失败告终。

在一个团体中，独裁式的沟通方式会进一步阻碍分享与参与。正如在研讨会上，一群占据主导地位的高层人士自信地说出了他们认为人人都应该遵循的"现实的本质"。

在一些人看来，参与到集体学习的过程实则是对权威的顺从。他们将其形容为，为了集体利益做出的自我牺牲。一名与会者甚至举了食人族的例子来比喻对信任和分享的抗拒：他们害怕，仅仅是一点"给予"都可能导致自己的生命或者生计丧失。他是这么说的：

"我们都像岛屿上那些没有口粮的人们"

"如果我走失了可能会求助别人"

"但当你置身于食人族中时就不会这么做"

还有一名与会者表示，她感觉"自己被利用，其他人利用她来实现自己的学习，就仿佛她和其他人都陷在一个，每个人都在寻求自己的问题和答案"——但没有任何分享成果的想法。

最终，研讨会形成这么一个观点："如果人们可以克服与上级在一起时的恐惧，那么人们就可以在彼此的贡献中受益。但在有些情况下，上级会令问题复杂化，尤其是当上级过度压制或者挑衅时。"这让人回想起了立陶宛的历史：在看到一名高级别与会者表现得像"苏联官员一般——直接武断"时，一位参会者直言，"这正是我们在苏联统治时代所经历的，我感到恐惧。"

另外，研讨会报告指出，性别和年龄也在群体动能中发挥有趣的作用：

女性更愿意为表达自我承担风险。年长的女性更不惧承担领导的角色，她们会鼓励年轻员工去承担风险、更加积极主动、少迟疑、直面问题，就仿佛每个人都是领导一样……而与此同时，男性与会者都销声匿迹，犹如被集体"处置"。男人们精神上的游离致使女性需要自己照顾集体的"孩子"（学习）。

这一集体使命的婴儿化现象很有意思，与成人时期的个人成长形成了鲜明对比。研讨会最终认可了在团体中表达自我的积极作用，也认识到了一些障碍的存在：

有一些机构不允许其员工表达自我意愿，担心可能会对组织形成强烈的负面情绪。

在一个畏惧变革的组织，员工通过沟通联系以增强适应性和流动性的能力被大幅削弱。

从同类相食到安全感

正如谷歌发现的，你不需要一个像立陶宛那样的棘手状况来显示安全感对于创新的重要性。早在 2016 年，谷歌发布了一个为期两年的关于什么造就完美团队的研究报告。在研究伊始，谷歌以为所寻找的是一个将个人品质和技术完美结合的方案，即一个很好平衡了内向的人、外向的人、学者和工程师的秘密处方。但经过对超过 180 个谷歌团队逾 200 名员工的调查，发现："团队成员间如何互动、如何架构自己的工作以及如何看待自己的贡献比团队里有什么人更重要。"

因此谷歌不再致力于寻找正确的原料，而是开始研究如何将其组合在一起：团队成员如何看待彼此，无论他是谁？最终，研究人员锁定了5个能使团队更加成功的因素，无论团队的任务是什么，也不管团队成员的情商和技术如何。5个因素中的3个都与团队成员和团队任务间如何关联有关。其中之一是"架构"：对于目标、作用和执行方案是否足够清晰？另一个是"工作的意义"：工作对于每个团队成员自身而言是否足够重要？最后是"工作的影响"：是否所有人都相信工作确能产生影响？

另外两个成功的因素在于团队成员间如何相互关联。其中之一是"可依赖性"：是否能依靠彼此在规定时间内高质量完成工作？另一个是"心理上的安全感"：是否都能承担风险，而不会感到不可靠或者尴尬？

在上述5个因素中，谷歌的研究小组认为"心理上的安全感"相比其他几个都"重要得多"：是其他几个因素的基础。研究报告的一个简要总结是这样解释的：

我们都不愿意从事一些可能会让他人对自己的胜任能力、认知能力和积极性产生负面看法的行动。尽管这种自我保护在工作场所是一个自然的策略，但它会削弱团队工作的效率。另外，团队成员间彼此感觉更有安全感的话，会更愿意向同事承认错误，更愿意承担新的工作。[1]

1.Julia Rozovsky "The five keys to a successful Google team"，Google re.Work's 'The Water Cooler' blog，17 November 2015.https://rework.withgoogle.com/blog/five-keys-to-a-successfulgoogle-team/.

　　上述总结随后将心理上的安全感与本书指出的另一个对创新至关重要的文化元素联系起来：思想的多元化。一个有更高心理安全感的团队成员，除了比较不可能离职、比较容易为团队创造收入外，还比较容易接受其他同事的不同思路。这与保持好奇心是同一原理：在心灵的沙丘容纳下所有东西。

　　但是心理安全感如何创造？哪些行为有助于营造心理安全感？

　　纽约时报记者 Charles Duhigg 曾经发表过一篇机智的分析文章，将谷歌的研究报告与卡内基梅隆大学、麻省理工学院和联合学院心理学家的研究成本相比较，后者以群体的智力为研究对象。Duhigg 指出，心理学家们想要知道是否存在一个独立于个体智力的团队集体智力。他们识别了两个成功团队具有的、独立于团队成员个体特征的品质，阐明了哪些做法有助于创造一个有安全感的环境。

　　第一，在一个好的团队，团队成员享有大致均等的发言机会，研究人员将这一现象称为"讲话的平等轮换"。第二，好的团队都有较高的"平均社会敏感度"——换言之，团队成员都有着通过对方语气、表达和其他非口头线索感知对方情绪的能力。[1]

　　研究人士通常将这两个简单的行为（轮流发言和考虑他人感受）视为营造心理安全感的主要因素（在过去 20 年此课题得到了广泛研究）。学术上将这种安全感与信任做了个有趣的区分，前者他们认为具有团体的属性，后者则指两个人之间的关系；并且前者更多源自信仰，

---

[1].Charles Duhigg "What Google Learned From Its Quest to Build the Perfect Team", *The New York Times*, 25 Feburary 2016.http://www.nytimes.com/2016/02/28/magazine/what—google—learnedfrom—its—quest—to—build—the—perfect—team.html.

而非经历。

哈佛大学心理学家 Amy Edmondson，被誉为"心理安全感"一词的创设者，将其定义为（1999 年发表的文章中）"一种认为在团队中可安全承担人际风险的共同的信任感"，或者在新近的 TedEx 演讲中的定义"一种不用担心说出想法、提出质疑、担忧或者犯下错误时会被惩罚或者羞辱的信任感"。

Edmondson 列举了一些在我们没有信任感时都会采取的策略：不提问、不犯错、不说话、不批评现状："因为没有一个人会因为每天急于去单位被批评无知、不胜任、打扰人的或者消极的而起床！"[1]

而这样的结局是：

每一次我们压制自己，我们就剥夺了自己和同事一次小的学习机会，我们变得没有创新意识，无法产生一些新的想法。我们都忙于管理给他人的印象，以致无法共同创造一个更好的组织。

在 Edmondson 被要求研究一个良好的医疗团队是否会在提供药物治疗时比较少犯错后，她开始关注团队动力问题。结果令人惊讶：好的团队反而更容易犯错！在好奇心那一章我们提到了错误导致失败的必然性；在这里，结论略微不同。并不是说好的团队真的犯了更多的错，而是其更愿意讨论这些错误。

"好的团队都有一个开放的氛围，允许大家报告、讨论这些事情。"[2]

1.Amy Edmondson "Psychological Safety and Learning Behavior in Work Teams", *Administrative Science Quarterly*, June 1999, 44：pp.350—383.http：//asq.sagepub.com/content/44/2/350.short？rss=1&ssource=mfc.

2. "Building a psychologically safe workplace：Amy Edmondson at TEDxHGSE", 4 May 2014.https：//www.youtube.com/watch?v=LhoLuui9gX8.

那么是否一个有着开放文化的团队的新成员不需要认识和适应其他同事？他们是否能公开分享一些在其他地方不敢说出来的想法？

Edmondson 总结出一个团队领导可以做的三件简单的事，以营造这样一个氛围、培育这样一种信任感。首先是让发言变得顺理成章：

将发言当成学习的过程，而非执行工作的过程。意识到可能会面临极大的不确定性，需要极大的相互依赖：我们从未这样子过，我们需要每个人的头脑和嘴巴都参与其中。

其次是不再害怕被认为愚蠢，即要为发言创造安全感：

承认自己可能会犯错。说一些简单的话，比如"我可能漏掉了一些东西，需要你来补充。"

最后，让他人感觉有必要发言：

表达好奇，提出问题。

这三个简单步骤与群体情商研究人员提出的成功团队的要素有什么关联呢？所有这三方面均可以创造"对话的平等性"：每个人都被寄予期望，没有哪一个人被单独视为专家，不存在被看笑话的顾虑，问题被提出——为他人回答问题留出空间，而不用惧怕被反击。而对于感知和回应他人情绪的能力呢？可能有些团队成员擅长而有些不擅长，作为组织或者个人，可以做些什么来提升这种能力呢？

摒弃自我的融合

正如反思是一项可以训练的技能，建立纽带同样可以——包括表明对清晰的感知，这有助于在一个团队中创造安全感。我们可以做一些事情更加关注对方的情绪，同时让对方了解我们所做的。我在一个广为引用的"合作型工作的七条准则"中找到了一些例子。[1] 首先是暂停——每个人都能做到的。这不是指退缩，而是以一种无声的方式在一个特定时点表达"我听到了"。你真正听到的（以及随后你如何反馈）往往是次要的，虽然你若不暂停可能会听到更多。

我从"七条准则"中截取的第二条建议是复述，用自己的话将听到的东西复述一遍。复述中词汇的改变不是为了显示你能说得更好，而是你已经吸收、转化了你所听到的。以疑问句的方式复述可以表明你认识到所听和所表达的存在一定距离——即表明你正努力地理解消化。另一条建议是关注对方如何叙事？使用的是什么语气？什么手势？你能从中学到什么？当然，你的解读可能不一定对——但这有助于创造一个富有安全感的文化。[2]

对动机做正面假定也是七条准则之一。这一条很重要也很微妙；有关心理安全感的文献指出它有助于强化"信任"。这么做，可以让你更了解、更能掌控自己的反应，避免自己的行为引发冲突。比如，当你感受到一些敌意时，为了维护好群体的安全感可以选择以怜悯的方式看待它。

Jeremy Mathieu 认为这一层面的认知是突破自我防御、建立共同目标的关键："当人们可能遭受攻击时，很难实施一个战略"，他发现。Mathieu 是 BBC 可持续产出项目的顾问，旨在降低公司运营给环境造

---

1. These were first set out in *The Adaptive School: A Sourcebook for Developing Collaborative Groups* by Robert J.Garmston and Bruce M.Wellman, p.31.http://www.thinkingcollaborative.com/norms-collaboration-toolkit/.

2. http://www.iod.unh.edu/RENEW%20tools/RENEW%20Implementation%20Manual/Section%203%20RENEW%20Implementation%20Team/3.%20Norms%20annotated.pdf.

成的损害，并且号召员工采取必要的改变来实现这一目标。他的任务是与整个机构的所有产出团队保持沟通，帮助他们了解其所做改变的确将带来影响。（谷歌的研究表明：确保团队中所有人都理解工作的意义和影响是工作取得成功的重要因素。）Mathieu 将自己对功夫和太极的热情融进了工作，从中他对团队的动力和张力有了深刻的感悟。尽管已经学习逾十年，他仍然视自己为不折不扣的初学者——虽然这个初学者对于冲突的理解已有效转化。

他说，在武术中，"思想与身体应该密切协作，以感知外部环境，并做出应对……我们所学的策略和技巧赋予了我们在任何情景下应对任何对手的工具。"很多技巧都是独立练就的，通过数年紧随大师学习招式："不断重复既定的招式，并且吸收大师生活、思考和说话的方式。"在学习过程中形成的这种 Mathieu 所谓的子女关系挑战了他对西方概念中的独立和依附的认知。通过不懈学习，学生们在更广泛的体系中获得了自己的位置。不仅是人类的体系，而是所有体系。正如身体与思想在认知中合二为一，我们自己和环境也合为一体了：

我们都是那些系统的一部分，包括物质系统和社交网络。尽管这些体系可能会限制我们对于自由的追求，但清醒认识我们与系统间的相互关联可以让我们在体系中更负责地履行自己的职责。我认为，通过武术学习，我们会更关注自己在所有这些体系中的参与情况，从而更全面地了解自己。

Mathieu 将武术训练中的陪练比喻成我们的理想与现实世界间的关系：

我们对于快速取得胜利的期望会在意识到对手的瞬息万变后落空。我们正处在一个永无止境的自我完善的过程中，不断迎接来自生存与组织环境的挑战……那些我们无法独立解决的问题，可以通过与他人合作加以改进。[1]

陪练的对手也是这个更广泛体系的一个元素，对于他你应当合作而非对抗。了解对手的行动可以帮助到你，而非妨碍你。看到和理解的东西越多，你能越好地应对。从这个角度看，你就能以一种积极的态度迎接任何动作——正如你假定它们都出于积极的动机。

你可能会说，"这些动作如何危及我的生命呢？"

我询问了 Mathieu，当个人感到威胁时一个机构能做什么克服员工的防御心理。对此，他又重新提及了在员工与目标间建立关联的重要性：

关键是要确立清晰的、积极的目标，能感受到目标的权威性或者其背后的正当理由。那些攻击和挑战可能带有合理因素，但这一目标可以让员工重置和保持其关注力，即便是在承认其防御心理的情况下。[2]

权威和领导艺术

确定一个目标的权威、团队与目标间的关联，这两者之间是什么关系？权威代表着一个自上而下变革策略的影响力，是一个领导者的名片。但领导者往往需要在指明一个清晰方向以及让其他人来铺就这条道路之间做出艰难平衡。没有什么比全面监控式的微观管理更易于拉开员工与目标间的距离。

1.Jeremy Mathieu "Kung Fu and the art of living in systems", *Green Futures*, 3 June 2014.https://www.forumforthefuture.org/greenfutures/articles/kung-fu-and-art-living-systems#.dpuf.

2.Interview with the author.

即使一个领导者清晰、一致地阐明了变革的方向，并且为其他人的创造性工作提供了空间，也不保证这些个体间会有共同的能动性。那么如何确定一个不同背景和视角的员工都能信任并有动力追随的变革策略？为了回答这个问题，让我们突破机构的界限，看看那些集合了各方力量的项目。

有一个研究机构，探讨了在不同部门间确立一个改善公共福利体系（健康、交通、保障等）的公共目标可能面临的挑战。一个成功的做法是实施"融合型领导"，即"以一种近乎不变的方式、突破部门界限地将不同的群体和机构集结起来，共同去解决复杂的公共问题，获得共同的福祉。"[1]众多有关跨部门合作的研究强调了在变革的必要性上取得共识的重要性。当一个体系处于混乱中，且人们已经在寻找出口时，这种共识是有益的。当然，不能保证人们想要的答案是一样的。

明尼苏达大学融合型领导中心的 Barbara Crosby 和 John Bryson 致力于研究哪些领导方式有助于让不同群体都认识到变革的必要性，并且达成共同的解决方案。作为一个领导，在指明一条道路的同时要确保下属追寻这条道路是需要高明艺术的。你可以称为不带领导权威的领导方式，或者说创造了共同的权力。这一策略在一个机构中是至关重要的——不是因为位于顶部的人点头同意，而是因为每个人都参与其中。

1.Barbara C.Crosby and John M.Bryson (2010) "Integrative leadership and the creation and maintenance of cross—sector collaborations", *Leadership Quarterly*, 21(2), pp.211—230.https://experts.umn.edu/en/publications/integrative—leadership—and—the—creation—and—maintenance—ofcrosssector—collaborations(5e6ba087—ab51—422c—b3c5—2bcd071c97ac).html.

Crosby 和 Bryson 引用了 MetroGIS 的案例来解释这一策略。MetroGIS 是一个地理信息系统（GIS），收集和提供了明尼苏达双子城（明尼阿波利斯和圣保罗）的大量数据。这一系统起源于一个由超过 300 家政府机构、商业和非营利组织组成的自愿网络，其急于解决包括交通堵塞、经济发展、经济适用房、水资源污染、公园和其他休闲设施供应、废物管理和犯罪等在内的一系列问题。而其中，所有人都有的需求是建立一个精准、及时、标准化的区域信息系统。没有这一共同的立足点，他们知道没有任何一个解决方案会得到重视。

一名来自圣保罗郊区的城市规划者 Randall Johnson 一直在抱怨缺乏足够的数据来为城市规划做预测工作。他被任命在大都市委员会带领一个小团队，研究建立一个整合双子城所有可用层面信息的地理信息系统的可行性。他的任务是解决包括系统传输、管理、维护和资金在内的问题。对此，Johnson 不是与其团队成员坐下来纸上谈兵，而是组织了两场区域论坛，集合了政府官员、测绘专家以及一些不曾相关的人——从蚊子控制到机场运营人员等。此外，还通过 Humphrey 公共事务学院（John Bryson 工作的单位）组织了一场规划策略论坛，召集了来自政府部门、私人部门和非营利组织的共 18 名代表。这些相关人士最终就建立 GIS 的必要性、建立 GIS 目的的声明以及启动一系列相关项目达成了共识，并且进行了简要的发布。

为研究是什么促使项目进展得如此顺利，Crosby 和 Bryson 采访了 MetroGIS 的一些参与者。结果发现，大部分人提及了一套可以确保初衷始终如一的指导原则，其还特别提到，这些原则"具有清晰的——甚至是显著的——包容性、参与性和民主性"。它们是：

★ 在众多可选项中选择协同的、有效的、对区域最为重要的解决方案。

★ 确保决策者深度参与，并且指明政策方向。

★ 寻找综合的、可持续性的、能协调和利用好资源的解决方案：建一次，便能造福众人。

★ 认识到"利益相关者"这个词有着多重参与的意义：资源的提供者、服务的消费者、知识的积极分享者、未来潜在的贡献者、未来潜在的使用者、持续的参与者及偶尔的参与者。

★ 认识到提供资金不是贡献的唯一途径：数据、设备、人员也是宝贵的合伙财产。

★ 依赖参与过程中全方位的自愿遵从。

★ 依赖基于共识的、对可持续性至关重要的决策过程。

★ 确保在研究需求、做出选择时所有相关的、会受影响的方面均考虑到。

★ 在政策实施和行动过程中寻求不同领域优秀人才的助力。[1]

上述列表有助于我们更丰富地理解什么是融合型领导，涵盖了那些实践变革的、做出战略决策的以及那些将受变革影响的追随决策的人。应当区分每个人属于哪个群体，鼓励他们加入，在整个过程中对其参与给予支持。资金的赞助者并不优先于其他非物质的贡献。视角的多样性对于寻求解决方案意义重大，实践手段的多样性则有利于方

1.John M.Bryson , Barbara C.Crosby & John K.Bryson (2009) Understanding Strategic Planning and the Formulation and Implementation of Strategic Plans as a Way of Knowing: The Contributions of Actor—Network Theory, *International Public Management Journal*, 12:2, pp.172—207.http://www.tandfonline.com/doi/pdf/10.1080/10967490902873473.

案的实施。一个不尽精准的假定是，当有更多人参与到创造变革的过程中时，更多人会从中受益。这也意味着，会有更多人共同履行职责并且效忠于此。

道路上的陷阱

即使一个机构中的每个人都很好地分担了职责，也乐于接受变革，但真正实现过渡还是存在难度。在一个复杂变化的环境，尤其是一个鼓励创新的文化里，所需要采取的行动是不可预期的，可能会是出人意料或者前所未有的，需要审慎规划。领导者或者高级管理者本身就可能是导致失败的因素。他们面临着在现有机构（包括预算、收入模式、经营目标）和一个未来机构（一个目标未知的未知实体）间平行管理的艰巨任务。这个过程中可能传递出不同的信息，就像设计创意机构Wheretofromhere 的 Philippe Coullomb 所发现的。

他回忆起一家澳大利亚非营利组织 IRT 的例子，该组织旨在为提高社区的生活独立性提供支持。IRT 的董事会清楚，应当开发一些新的服务来满足客户不断变化的需求，尤其是因特网的发展给点对点服务带来了新的机遇。但高级决策者仅仅习惯于领导设计创新过程，对于这一层面的转型无所适从。为此，IRT 请求 Wheretofromhere 启动一项创新项目，囊括 400 名员工中的 396 名。项目终了，员工们酝酿出数百个新思路，其中不少被加以论证，3 个被最终选择作为投资项目——配套了相应的预算和团队。

只有在大家对于通往变革的道路都表示认可，并且都致力于推动实现的时候问题才会产生。一个研究社区服务的项目团队了解到

Buurtzorg（第三章我们提到的）的有关情况，也想进行一些相同的尝试。尽管他们有同样的视野、同样的热情，却止步于模型的完善，迟迟未能推动其中一个试行项目的成熟。而又因为其对项目充满热情，导致挫败不堪。鉴于此，Coullomb 向组内的一名女性成员建议：让团队到 Buurtzorg 所在地掌握第一手情况，花十天时间与创始者一起，了解他们是怎么做的。但是，这名女成员回答道：这百分百不可能。Coullomb 惊讶不已：

> 我与 IRT 共事了 3 个月，他们不停在说，这是关乎机构生死的事情，而且他们有 500 万美元的预算来做这一项目。我让她尝试一下我的建议，说服她一定会成功。但当她告诉其他组员时，所有人都笑了。三四个人甚至向我求救，一定要让项目成功，但正是这些笑声扼杀了项目。

Coullomb 让组员们反思为什么在有人提出一些大胆的建议时大家会笑。此时，所有人都安静了下来，花了十分钟时间反复思考这个建议的成本收益，随后决定资助这趟旅途。Coullomb 认为，是一种区域性的文化致使出国工作对于他们而言不可接受。这样一个建议在他们听起来像在"开玩笑"。相比之下，另外一个项目组提出了孵化器的设想，并且在 3 分钟内就得到了赞助：比比飞机票的成本。那些笑声也许会成为他们提供社区服务的终结。

这一案例表明了领导团队对于创新理解的内外不一致：他们知道每个人都应该深度参与、都应当被激励，但某些能够深化员工参与度、提高员工能动性的想法却因为一定程度上超出了正常工作的范畴一开始就被拒绝。Coullomb 很多"举重"型的工作正在于帮助这些领导者，使其行为更富意义，理解其行为可能对任务的成功造成影响。我问 Coullomb，领导者如何识别一个想法是否值得投入，而不仅仅是表示惊叹。他答道：

给予自主权和灵活度。创造一个环境，在其中你对于自己的决定极度清晰，同时极度鼓励别人去做属于他们的决定。

以仪式迎接变化

我们讨论过了建立关联来促进变革的重要性：包括在团队成员间建立关联以为创意萌发创造安全环境、在人与目的间建立关联以激发创新和实践动能。但在变动状态下如何培育这些关联呢？

所有的社会团体都有应对变化的策略。无论是庆祝还是哀悼，这些仪式有助于引导人们从一个环境有尊严地、优雅地过渡到另一个环境。确定好时间，挑选好有意义的地点，人们聚集在一起，特别的服饰和装饰决定了格调，歌曲、赞歌和诵读表明了所进行的事情；供上礼物——甚至祭品；并且实时录像。这些元素（并不烦琐）往往可以在一些人生重要时点（出生、生日、婚礼、葬礼）、季节性变换（新年、新月、春天、收获节）、宗教节点及国家领导人更替（加冕礼、就职典礼）中看到。

祈雨舞、繁殖仪式等则用于向上祈求变化的能量。Andire Tarkovsky 的电影《牺牲》中，主角 Alexander 向上帝发誓，愿意牺牲包括儿子在内的所有爱人，以避免一场核毁灭的发生。电影开头，Alexander 跟儿子讲述了一个老僧人的故事，其在山坡上种了一棵不长叶子的树，但指示其弟子每天浇水：

每天清晨，Ioann 将长柄勺装满水然后出门。他爬上山坡，给那棵快枯萎的树浇水。当夜幕降临，他才回到寺庙。

长此以往他坚持了 3 年。

终于有一天，当他爬上山坡时，他发现眼前的树已经枝繁叶茂。

说任何你想说的，但是一个方法、体系有它的优势。

有时候我对自己说，如果每天在相同的时点、每个人重复做同一件事情，就像每天同一时候、一成不变、有组织地举行一个仪式，那么世界也许会有所改变。

是的，世界会改变，必须改变。

仪式有创造变化或者阻止变化的能力。Tarkovsky 强调了人的意向，即激发人们采取某项行动的动机。仪式将人们与动机更紧密地联系在了一起。同样，在 1983 年的电影《乡愁》中，当主角 Evgenia 问 Tarkovsky，这次的仪式想要达到什么目的，他回答"你想要的任何东西"。在《牺牲》的开头，当 Alexander 在一段有关哲学的闲聊后说出"言语、言语、言语，要是我们多行动少说话多好"时，已经表明了其希望通过行动带来变化的意愿。

Tarkovsky 对人与责任间，以及人与动机间的关系深感忧虑。他写道，"陷入那些狭隘的、机会主义的动机比超越它们容易得多""一个人的行为与其命运间的因果关系已经不复存在，这一悲剧性的断裂导致人们在现代社会中感到不安定……［人们］已经形成了错误和致命的假定，即他无法做什么来影响自己的命运。"[1]

着墨于主角个人意愿的同时，Tarkovsk 展示了仪式如何把他们和更高的事物联系在一起——如阻止一场核毁灭或影响一棵树的命运。

1.http://andrei-tarkovsky.com.

他还将其他仪式贯穿于整部电影，作为电影情节的精神镜像。《牺牲》以莱昂纳多另外一份给上帝的礼物——贤士崇拜作为开头，寓意生命的开始。配乐包括巴赫的马太受难曲，同时在上帝为赎回人类而牺牲儿子的教堂年度庆典的情节上，电影的配乐又烘托出了 Alexander 牺牲自己名为"小男人"的儿子的意愿。[1]

灵魂的、神圣的音乐运用人类的嗓音和肺部、四肢的力量引导人们超越惯性思维和举止。仪式的元素也可以帮助一家机构在变革时局强化人与目标的关系吗？可以帮助人们超越对个人角色的关注，而回到对集体使命的关注上吗？

事实上，仪式已经是一个机构文化的组成部分。一类我们可能都参加过的仪式是学校集会，学生和老师集中到一起检视其共同的职责：教育。全世界都如此，在肯尼亚埃尔贡山的 Bishop Okiring 学校，校长每天早上都在校门口迎接学生，对学生说一些激励的话。世界上最大的学校、印度勒克瑙的蒙特梭利城市学校会召集 5 万多名学生（往往分散在 1000 个大教室）以 5 种语言同时举行集会。英国的 Fairlands 中学则定期与俄罗斯的 108 所学校举行视频论坛。学校集会通常会集合其他的传统仪式，包括一些宗教仪式（如祷告、唱赞美诗、圣歌）、爱国仪式（升国旗、唱国歌），甚至是分享新闻、聆听故事和寓言等日常仪式。

目前，似乎对教育系统内这类全球性、仪式性课题的研究还不够，但事实上其应作为儿童教育的重要部分加大投资。2012 年卡拉奇大学

---

1. Andrei Tarkovsky, *Offret*, 1986. https://artandsacred.wordpress.com/2012/01/17/tarkovskyon—ritual—2/.

的一项研究表明，小学校长在学校晨会上那些旨在树立学生信心、增强学生对自我潜能的认知、帮助学生做好未来职业选择的做法都产生直接效应。研究指出，可以在更多的活动中挖掘那些可以激励和影响孩子的机会，如"背诵可兰经的经文，背诵先知穆罕默德的颂词、唱国歌、发表演讲、团队展示竞赛或者邀请知名教授 / 教师 / 校长做励志讲话"[1]。这些场景表明宣传活动中的集会：是一个衡量仪式在纠集人们履行集体使命上的作用的模糊指标。当然，使命并不由仪式来确定，正如 Tarkovsky 指出的：仪式的意义由我们来创造。

另一个你可能参加过的"仪式"是工歌。走出办公场所的一个好处是你必须花时间坐下来面对平时不坐一起或不一起工作的同事。当你进入一些新的对话后，你就有机会打破固有思维，从其他角度重新认识一些集体使命（就像不同的盲人可能会把遇到的大象描述成不同的事物，一堵墙、一条蛇或一棵树）。倾听同事如何激励自己也可以让你以新的方式鞭策自己。即使是一起外出午餐这么简单的事也会产生同样的、微小的影响。其好处就在于其规律性：每天、每周的固定仪式比每年定期做这些事更有助于建立新的习惯。在此前的章节中，我们也探讨了利用正念铃将人们与目标更好连接。这就犹如穆斯林的祷告，定期给祷告者提供一个思想超脱的空间。

1.Tariq, Muhammad Naeem; Ishaque, Muhammad Sohail; Ahmed, Imtiaz; Noor, Farzana; Burfat, Ghulam Muhammad (2012) "Exploring the impact of morning assembly on school improvement: in perspective of headteachers' address", Interdisciplinary Journal of Contemporary Research in Business, 4(6), p.780.http://connection.ebscohost.com/c/articles/85817904/exploring—impactmorning—assembly—school—improvement—perspective—headteachers—address.

对于一个机构或者团队面临的重大转变，开头和结尾尤为值得关注。相关仪式通常主要为公关而设：开始执行一个新策略时可能会有一个庆典，如发布一本出版物或者召开一场记者招待会。这些仪式对于背后的工作本身意义非凡。

以我个人的经历为例。《绿色未来》杂志在 1996~2014 年由未来论坛出版发行，旨在提供一些可持续发展的解决方案。作为该杂志的第四任，也是最后一任编辑，我参与了杂志闭刊的过程。尽管我个人十分看重让读者和赞助者清楚了解我们所做的事情及其意义，但同时又不愿在最后一期中过分渲染，因为我相信我们的新使命更加重要。

此前我们已经决定将花在搜寻解决方案上的时间用于全面思考如何促进论坛在可持续性发展问题上发挥更大作用。为此，我们建立了"未来中心"来跟踪创新及趋势，识别那些可以真正产生影响的领域。我们希望读者能够自行理解这一决定，但通过一些方式将其意义明确展示给公众（譬如发布宣传广告，或者不断通过 FAQs 答复公众疑问等）更有助于发现和纠正公众理解上的偏差。

由于我的大部分精力都花在了新的工作方向上，公关部主管后来找到我，劝说我在最后一期杂志中留出版面做一个适当的"告别"。最终，我们出版了一期特别版，以时间顺序展示了 93 期杂志封面，回溯我们采访过的一些人物以及报道过的可持续性发展问题上的里程碑事件——尤其是风能、太阳能的发展。当这期杂志印刷出来、放在办公桌时，我们纷纷举起了草莓、香槟加以庆祝。我喜欢这样，但是当我们同主要股东、内部团队一道开始推进转型后，才意识到事情并不像庆祝时那么欢愉。

我们还创建了一个档案库，每一期杂志、连同特别版都以 PDF 形式在网上免费提供，同时我们将数百篇文章转移至了新的平台。[1] 这是杂志"仪式化退休"的一部分，但也是目前我们进行研究的基础性资源——从地理工程到棉花等农作物的可持续发展议题。档案有双重功能：一方面可以记录和解释过去，保留历史的一些痕迹以发扬；另一方面，可以为研究人士提供富饶的资源，促进新思想的萌芽——就像一块覆盖满落叶的土地。

在不确定中赋能

即使思想上对某项工作坚定不移，各种变动的不确定性和失败的可能性仍然会使我们脆弱不堪。一个机构的风险在于员工为追寻更安全的保障、更清晰的职业道路（至少在外部人看来如此）而流失。因此，有必要建立一套对流动和不确定性包容的意识形态。而这其中的关键是转变被动思维，摒弃"事情冲我而来并且造成各种正负面影响"的想法，坚持主动行事，将变化视为能创造出你想要结果的原材料。欢迎那些挑战和阻碍，仿佛其可以完善你的设计。

这一赋能原则是印度哲学教育的核心，其将所有变化均视为通往通透豁达的必要一步。如何回应这些变化往往存在选择。看看我们对西方媒体的惯常反应，即瞬间就判断一件事情的好坏（且通常是以激动的语言加以评价），在一个复杂、持续变化的体系内，我们真正了解多少？任何事情的结果都是多重、不易掌握的。

印度僧人 Swami Vivekananda Bengali，于 1902 年逝世。年仅 39 岁，却向西方传播了印度教和瑜伽哲学，后者常把生活比喻成灵魂的"健

1.https://www.forumforthefuture.org/greenfutures/green-futures-publications.

身馆"：我们去做自我伸展，获得成长的地方。他指出，我们应当拥抱的是精神的力量，而不是任何个人成就。过度关注回报而非手头的任务是我们常遇到的问题：

如果你想要回报，你肯定也会受到惩罚；避免惩罚的唯一办法是放弃回报。

为了避免在变化的旋涡中不遭受惩罚[1]，我们需要顺应水流，而不是紧靠岩石，任凭波浪击打我们。

在这一隐喻中，岩石指所有用于自我认知的载体：抱负、报酬、地位，甚至是自卑感。将自己与他人做比较会在自己与他人之间、自己与自己的潜能之间架设起屏障。如果我们想顺应变化的潮流，而不是抵触它——这也是创新的关键——那么我们就应当学会释然。

这也让我们回到第一个主题：多元化。我们能否拥抱自己多重、集合的人格，进而减少对自我感受的依赖？为理解印度哲学中的变化，让我们看看加勒比海人。安地列斯群岛作家 Edouard Glissant 曾探讨过一种源于群岛地理特征的意识形态，这种意识形态不同于你在陆地时的集中式思维方式。你不会感觉自己在事情的中心，而是一系列相互关联的、多样性的、有着不同语言和文化的岛屿的一部分。他表示：

在群岛式思维下，你可以说没有任何一个个体人格或者集合人格是固定、一成不变的。为此，我可以与他人充分交流，而不会丧失或者迷惑对自我的感知。[2]

1.https://en.m.wikisource.org/wiki/The_Complete_Works_of_Swami_Vivekananda/ Volume_1/Karma-Yoga/Freedom.

2.Glissant, E. (1992), *Caribbean Discourse: Selected Essays*, Charlottesville: University of Virginia Press.

越能意识到关联的客观存在，越会变得坚不可摧——由此，越乐于接受创新带来的新潮流。

同情心：实用的步骤

一个机构可以采取什么实用的举措来促进这一意识形态的建立呢？首先也是最重要的，鼓励友善行为。一个富有同情心的文化可以让我们安心地摒弃成规、拥抱变革。它有助于我们对新机会保持开放态度，关注这些新机会的积极潜能。包括谷歌在内的众多公司都为其工程师和员工提供了斯坦福大学的同情心培养训练项目。Erika Rosenberg 博士是项目的导师之一：

当面对逆境，我们可以选择关闭也可以选择敞开。我们的瞬间防御性倾向往往是关闭、任由那些狭隘的诸如生气、恐惧等情绪的牵引。虽然敞开更有利于清醒地做出决策，或者创造性地解决问题（正如数据显示的），但这并不容易。它需要适当的自我同情，并且对所处环境和人保持善意。

在 Erika 看来，谷歌人，尽管在性情和种族上千差万别，但有一个共同的特点，即年轻、劳累、过度工作、受时限所迫、聪明。她的第一个任务是说服他们相信，有必要腾出宝贵时间来学习如何停下来、整理思绪、敞开心扉。[1]

这一任务对于许多效率优先的机构来说可能已经是足够的障碍，

1.Erika Rosenberg "Putting Compassion to Work: Google, Gratitude and Getting Canned",*Huffington Post*, 13 September 2012.http://www.huffingtonpost.com/entry/compassionworkplace_b_1670804.html?section=india.

而第二个任务的挑战更大：改变意识形态和灌输式的行为模式，培育一个能激发同情心的文化。幸运的是，研究发现即便友善不是自然之举，也可以通过训练提升。

　　想象一下你和一群不认识的人玩在线游戏。游戏中，你有5美元，统治者有10美元，而另一个玩家——某些不公平环境中的牺牲者，一无所有。统治者给了牺牲者1美元，尽管这完全不足以弥补其所遭受的侵犯。现在你面临一个选择，你可以从你的5美元中拿出任意数额来鼓励统治者提高给牺牲者的补偿金额至2美元，剩下的则归你所有。

　　Wisconsin-Madison大学的心理学家基于上述游戏开展了一项研究，评估大致两周的短期同情心训练是否会增进玩家对于牺牲者的利他行为。这群心理学家在一篇发表于《心理科学》的文章中指出，同情心和利他主义在成功的社会体系中发挥核心作用。他们将同情心定义为"关心和愿意帮助受困人们的情绪反应"，其可以激发利他行为以帮助各广泛的群体，包括和族系内的和非族系的获得更多的生存机会（达尔文）。这些利他行为，在心理学家看来，包括在合作者间创造亲密关系，以及促进基因不关联的陌生人之间的合作。

　　虽然同情心是利他行为产生的动机，但鲜有人了解其是否可以通过训练培养——是否像反思这样，是一项可以人工打磨的技能。为此，研究人士首先想要搞明是否短期的同情心训练可以增进利他行为；其次，是否利他行为中的个体差异与训练、激发同情心过程中的脑部变化有关。

　　为了得到答案，研究者组建了一组健康成人，并为其中一些人提供"同情心训练"，即练习培养对不同对象的同情心（包括爱人、自己、陌生人和一个有困难的人）；另一些人则加入"重新评估训练"，练习重新解读压力事件，以提升自我舒适度，而不用再影响他人（另有一个控制组，不接受任何训练）。这些训练均由语音指导开展，每天 30 分钟，持续两周以上，所有音频均可在网络上获取。[1]

在完成上述游戏后，所有的参训者还应在网上以匿名的方式再进行一次游戏。研究人员发现，完成两周同情心训练的参训者比接受重新评估训练及控制组的人更具利他精神，这意味着仅仅一个精神层面的训练即可对训练场景之外的社会行为产生影响。他们同时发现，所采取的利他行为与在同情心训练参训者身上观察到的其对于受难者的神经变化相关。这一发现表明，我们所锻炼的思考方式影响着我们的行为方式[2]。

这些培养同情心的训练方法是什么含义呢？其源自冥想练习"爱上友好"，或者巴利语中的"Metta Bhavana"。"Metta"指对爱的积极感知以及展示友好；"Bhavana"指培育。训练从自我开始：首先培养感知能力（我如何坐着、什么感觉），其次培养自己内部及对于自我的积极态度。这些态度会变成对美好的期许，如"希望自己一切都好"。随后，将你的感知及想法转向你身边的人、转向情感上与你亲近的人以及那些远离你和你内心的人——甚至是那些你不喜欢的人。这就是

1.www.investigatinghealthyminds.org/compassion.html.

2.Helen Y.Weng, Andrew S.Fox, Alexander J.Shackman, Diane E.Stodola, Jessica Z.K.Caldwell, Matthew C.Olson, Gregory M.Rogers and Richard J.Davidson (2013) "Compassion Training Alters Altruism and Neural Responses to Suffering", *Psychological Science*, 24(7), pp.1171—1180.http://centerhealthyminds.org/assets/files—publications/WengCompassionAssociationForPsychologicalScience.pdf.

内心的延展。[1]

（稍等一分钟，也许你会说：难道我们不应该最小化自我迷恋吗？不，友善地看待自己是核心的一步。那些因抱负施加给自己的压力以及因自我否定、自我批评给自己造成的伤害都会使我们的注意力被无尽的攻守所绑架。而友善提供了一条出路。）

在思想及行动中保持友善听起来很简单，实践起来却有很多障碍。其中之一是注意力被转移。很多人认为，无所不在的科技和移动手机阻碍了我们对友善的感知和给予。斯坦福同情心与利他主义研究教育中心的心理学家和副主任 Emma Seppala 正研究如何反过来利用科技手段帮助我们提升专注力和感知力。她指出，"短信、电子邮件和手机可以压倒、孤立和导致成瘾行为""研究表明我们的大脑有一半时间处于游离状态，而在当下集中——如真诚社交时——可以带来更健康的情绪。"[2]

与对他人低感知力并列的另一个障碍是对自我情绪认知不足。当我们难以表达情绪时，这一障碍会进一步放大，且会让我们感觉被击垮，或者以一种可能已经对他人产生负面影响的方式行事。耶鲁情商中心主任 Marc Brackett 认为，建立一套更为准确的词汇来描述感受会有所帮助。理由是，如果能定义好自己的情绪，你就能更好地克服或者影响它："如果你能说出它，就能制服它"，Brackett 表示。耶鲁情商中心曾与因纽特孩子的老师们共同开发一套丰富的用于理解和管理其感受的词汇。Brackett 指出，"他们也许有 52 个词来描述雪，但却难以

1.https://thebuddhistcentre.com/text/loving-kindness-meditation.

2.Clifton B Parker "Stanford spotlights compassion, innovation at technology conference", *Stanford Report*, 10 December 2013.http://news.stanford.edu/news/2013/december/compassion-tech-confab-121013.html.

表达其感受"——这也导致了自杀率居高不下。[1]

Seppala 和 Brackett 在 2013 年共同出席了在耶鲁大学举办的职业同情心和科技研讨会，研讨会由 Facebook 等企业组办，旨在集结企业家、工程师、设计师和科学家共同商讨如何在一个充斥着手机、短信和计算机的世界里敞开心扉。与会者被邀请进行同情心运用案例的演示，并由一组评委及观众做出评判。

最高的 1 万美元奖金由当时只是一名高中生，但已是 X-Change the World 创始人的 Sam Reiss 获得，X-Change the World 是一个致力于构建跨文化桥梁以增进全球各国好奇心和同情心的组织。Sam 的项目是促进美国学生与其他国家学生的交流，来提高年轻人对话式英语的水平。迄今为止，该组织已将来自洛杉矶、奥哈伊、波士顿、华盛顿与来自泰国、柬埔寨、老挝、坦桑尼亚、刚果、尼泊尔和肯尼亚的学生成功配对。这些学生每周一次通过在线课堂与对方进行交流。每个英语为母语的"老师"都有一份课堂计划与课程安排，据此调动课本、游戏和视频等资源指导交流学生。这些指引和资源均可在网上免费获取。"老师"们要求开讲的第一堂课，目标是开始创建一个伙伴关系、对彼此熟悉、学习基本的打招呼方式，进而开始了解这个世界。课堂建议的最后一句是"保持冷静、保持耐心、保持兴奋，但最重要的是，保持开放思维。"[2]

Sam 的另一个项目是召集 6 个以下的朋友组建"同情心朋友圈"，在圈内分享每天的"友善和英雄主义行为"，并且激励彼此。这一创

---

1. ibid.
2. http://xchangetheworld.com/what-we-do.

意可以在线上实现（如通过群聊），也可以在线下完成——如在工作日短暂、非正式地会面。

除了斯坦福论坛的竞赛外，也有其他组织致力于通过激发同情心"唤起和培育创新精神"。如创意冠军——一家咨询和培训公司发布的"工作中的友善宣言"列举了每天 40 个你可以对同事的失误保持宽容，并达到一个不寻常的友好境界的机会。根据宣言，在同事做出一些有损你利益的事情时你应当选择保持友好——如忘记对你的工作做出肯定、在一些实际参与很少的工作上邀功、没有回复你的邮件、在背后评价你或者"吃了最后一块饼干"等。[1]

但是，如果情况真的很糟时应该怎么办？另一个斯坦福论坛的参赛者、心理学专业研究生 Kasley Killam 继续在哈佛进行同情心与冲突的研究。她在《科学美国》上发表了一篇有关受创后成长的文章，指出一些经历创伤的人会将创伤视为上升至更高心理境界的动力。Killam 的这一研究领域还相对空白，20 世纪 90 年代才兴起。Killiam 研究发现了 5 个受创后会出现的积极变化。第一个是对自我能力的更清晰认知：一旦意识到你可以征服挑战，你就会感觉自己更强大。第二个是关系的深化：

社会支持对于治愈创伤尤为重要；与他人讨论、消化痛楚有助于强化生命意义……遭遇也可使我们对他人更富同情心：耶鲁和麻省理工的一项最新研究表明，暴力事件中的幸存者往往会更加同情利比里

1.Mitch Ditkoff "The Kindness—At—Work Manifesto", Idea Champions 'The heart of Innovation' blog, 12 April 2016.http://www.ideachampions.com/weblogs/archives/2012/05/it_has_come_to.html.

亚难民，也因此表现得更加无私，如将难民安置在自己家里。[1]

第三个是更加珍惜自己所拥有的；第四个是更加坚定的信仰；第五个是更善于感知和拥抱新的可能性。正如我们遇到的一些女性难民，困境会激励人更积极追求自己想要的生活。Killiam 引用一个研究结论，指出"如果人们每天花 20 分钟、连续 4 天记录自己所能想象到的最好的自己或者规划自己的人生目标，那么会明显快乐起来。"

表达感谢

让我简要回顾一下逆境中个人成长的第三个机会：感恩。简单、定期、积极地表达赞赏可以起到"一石二鸟"的作用。加州大学戴维斯分校心理学教授、两本有关感恩的著作作者 Robert Emmons，提倡每日或每周在你经历一些事情后记录感恩心得。他研究了逾 1000 个年龄在 8～80 岁的样本，这些样本仅仅进行了 3 周的感恩记录。结果显示，其免疫系统、睡眠质量均有改善，且变得更加乐观、快乐、不再感到如此寂寞、更加仁慈——富有同情心。除此之外，Emmons 认为感恩的人往往更具抗压能力，在负面状态下有更强韧性。[2]

1.Kasley Killam "How to Find Meaning in Suffering", *Scientific American*, 15 December 2015.http://www.scientificamerican.com/article/how-to-find-meaning-in-suffering/.

2.Robert A.Emmons and Michael E.McCullough (2003) "Counting Blessings Versus Burdens: An Experimental Investigation of Gratitude and Subjective Well-Being in Daily Life", *Journal of Personality and Social Psychology*, 84 (2) pp.377-389.http://www.breakthroughealing.org/Documents/GratitudeStudy2003.pdf; Robert Emmons "Why Gratitude Is Good", Greater Good, 16 November 2010.http://greatergood.berkeley.edu/article/item/why_gratitude_is_good.

如果你想让贵机构通过最终的创新 "大锤测试"，那么着手引导同情心、友善和感恩吧。

2.6 后记：创新过程的静止时刻

建立一种文化，将多样性视为生命系统一部分加以拥抱——如同池塘中的绿藻在水中释放氧气。建立一种文化，能试探到异议，并且将异议视为可以提供新思路的宝贵财富。建立一种文化，将生活视为游戏，并且鼓励毫不功利地探索未知的道路。建立一种文化，鼓励人们花时间思索，直到变得仁慈。建立一种文化，帮助我们回归自我、回归初衷、回归到彼此身上。

这就是我们所追求的组织机构的模样。它建立在强劲的关联之上，且这种关联不是由大家"凑在一起"产生的，而是由大家对于差异的尊重产生的。它激发玩乐精神，因为它为大家提供了一个不用畏惧尝试新事物的空间。它更倾向于创造一个大家都乐于生存的世界——当然，这需要我们所有人的共同努力。

似乎我喜欢工作的地方是能激发出人最好一面的。员工对于所在机构的感受是至关重要的。当我们谈论创新时，我们总把注意力放在我们可能创造的变革上。但很重要的是，不要忘了"未来"赖以生存的"现在"。犹如英镑、便士，如果我们照顾好了"今天"，"明天"就会无所顾虑。

这意味着一个创新友好的机构没有必要毫不停息地追求变革。向新创意敞开大门与培育现有文化间并没有冲突。任何一个体系都需要呵护，这将增强其应对各种问题的能力。以人类健康为例，我们每天的饮食和生活习惯影响着我们对不同环境的敏感度，也会改变我们体内菌群的构成。我们应当创造一种能促进菌群活跃的环境，而不是诉诸抗生素这样的快速治愈手段，因为其将对人体造成长期损伤。[1]

这本书里有关创新友好型场景和工具的很多案例都致力于强化对我们所处环境的认识，了解外部的变革如何改变它。正如，安大略圆周理论物理研究院，旨在突破对从小颗粒到全宇宙的根本认识，关注了那些能促进交换的空间；又如仿生学 3.8 的生态绩效标准，旨在帮助规划者及决策者了解一个设计中的不同元素如何与广泛的生态系统相互作用；还有 St Luke 的套牌游戏，旨在帮助我们更好地分享感受，增进交流的经验。

正如我在第五章提及的，在一个复杂变化的体系中保持长期稳定不意味着一定要跟随变幻的步伐，而是培育自我体系的包容度与成熟度，以根据需要随时调整。我在 T.S.Eliot 的短语"变化世界的静止时刻"中得到启示。[2]一个创新友好型机构需要寻找自己的"静止时刻"。这是一种能灵敏感知外部环境的状态，使用了功夫武者的正念，随时准备好根据需要调动自己的比较优势，对新招式保持开放态度，并且愿意花时间思考以采取协调、审慎的行动。其不急于应对，而是谋划如何打赢一场持久战。

一个会止于"冷静时刻"的机构往往致力于在机构内外培育幸福

1.Luke K Ursell,1 Jessica L Metcalf,1 Laura Wegener Parfrey,1 and Rob Knight (2012)
"Defining the Human Microbiome", Nutrition Reviews, Oxford University Press.
http://www.ncbi.nlm.nih.gov/pmc/articles/PMC3426293/.
2.Eliot, T.S. (1943) *The Four Quartets*, New York: Harcourt.

感和韧性。的确，其在内部创造的文化与这一文化在更广体系中发挥的作用紧密相关，甚至可能无法区分它们。基于员工不同的视角和能力，机构会询问员工："我们需要哪些变革，我们能做什么？如何运用我们的创造力使整个体系变得更加健康？如何在游戏中成为一个大度的玩家？"

我所发现的对"静止时刻"最好的示范来自 Masanobo Fukuoka 1978 年的自传《一根稻草的变革》。Fukuoka 是自然农业的早期先驱，在一次主显节后——正处于极度抑郁状态，看着一只苍鹰从港口飞起，他突然萌生这样一种想法"人类一无所知"。在他看来，科学只是向我们展示人类的知识有多贫乏。自那时起，他毕生的工作只有两个，一个是摒弃以往关于如何介入自然过程以保持农业生态系统平衡的认知；另一个是"不作为"，即寻找途径最小化其早期干预的影响，恢复自然规律。

这一"不作为"成为农业耕种界的一个变革性法则，也是我们所依赖的诸多系统的核心。Fukuoka 先是深入农田展示其理论，因为他发现没有任何语言或学科可以有效地传达这一思想。后来，他描述道，自然农业变得"风行一时"，他的方法被广泛学习和传播。但尽管这样，这一理论并没有真正改变什么。是遭遇了什么阻碍呢？

Fukuoka 回忆起，有一位来自高知县检验中心的昆虫害专家，曾质疑为什么叶蝉在没有使用杀虫剂的稻谷地几乎不存在。Fukuoka 向其展示了自然捕食者的功能，如蜘蛛。该专家也认同，如果在昆虫界能建立起这一自然平衡，那么作物侵害的问题就可以得到解决。但此后并没有采取任何举措（直至最后一个大学的研究项目启动）。对此，Fukuoka 认为是受制于"在最后批准前需进行所有可能研究"的惯例。

Fukuoka 认为，造就风险厌恶这道屏障的是一个根本性的误区，即认为自然是可知的。Fukuoka 指出，与其假装明白我们正在做什么，更应该像孩子一样去看待我们的世界："只有婴儿才看得到真正的自然界，他们没有杂念、直白、清晰。"

Fukuoka 想象了一个场景来克服这一障碍：当科学家、政客、艺术家、哲学家、宗教人士以及所有在田地里工作的人们聚集在一起注视着这片田地、共同讨论时，他们就会豁然开朗。[1]

1.Fukuoka, M. (1992) *The One Straw Revolution*, Goa: Other India Press, 4, 20, pp.25—29.

3

附录

转变贵机构的创新文化

在将本书各个章节的观点运用至贵机构时，可用以下这些问题和练习作为起点。以组的形式开展这些问答将最为有效，且组员应来自有着不同经历的不同团队以及潜在的"外部人士"。

多样性

1. 贵机构是否有一个占据主导的文化，还是多文化并存？贵机构如何鼓励观点及创意的多样性？设计一个新的方式。

2. 回顾贵机构的边界政策。谁超出了这些边界？超出这些边界能得到哪些新的机会？

3. 列举贵机构违背既定日程所能换取的空间。这些政策是否被广泛运用？能够做什么来增加其可获得性？

诚信正直

1. 列举 3 条贵机构要求员工需遵照执行的规则。然后讨论 3 种鼓励员工表达自我的途径。

2. 员工的自有时间何种情况下是可预期、被尊重的？列举出障碍，并且反思如何破解这些障碍。

3. 贵机构有哪些主要的度量标准？哪些是有价的，但尚未被测度？

好奇心

1. 贵机构如何鼓励玩乐与冒险？设计一个游戏来锻炼员工的想象力。

2. 描述贵机构工作区域内 3 个不同的空间。这 3 个不同空间如何激发不同的行为模式？

3. 你的工作是否有机会与自然界接触？你的工作中有哪些部分可以在户外完成？

反思

1. 贵机构在 2050 年会是什么样子？你预期会面临哪些挑战？你现在能做什么来增强抵抗挑战的韧性？

2. 在贵公司的战略中找出 3 条有关未来的假设。这些假设有误应该如何修正？

3. 角色扮演！在下次会议中给每个人都设计一个角色。使用名人、历史人物或虚构人物来鼓舞士气。

纽带

1. 贵机构在鼓励学习与发展上有哪些资源？设计一个调查来考察这些资源是否充足、有效。

2. 列举你工作中的一些仪式（定期实践）。这些仪式如何影响你对于工作目的和动力的感知？使用一个正念铃来做实验。

3. 你在工作中最后一次说"谢谢"是什么时候？列举 3 个你最感激的人，并且找一个途径告诉他们。

4

参考文献

Books

[1] Berns, G. (2010) *Iconoclast: A Neuroscientist Reveals How to Think Differently* ,Harvard: Harvard Business Press.

[2] Conaty, B. and Charan, R. (2010) *The Talent Masters*, New York: Crown Business.

[3] Diamond, J. (2012) The World Until Yesterday: What Can We Learn From Traditional Societies? London: Penguin.

[4] Eliot, T. S. (1943) The Four Quartets; New York: Harcourt.

[5] Glissant, E. (1992) *Caribbean Discourse: Selected Essays*, Charlottesville: University of Virginia Press.

[6] Hawking, S. (1996) *A Brief History of Time* , New York: Bantam

Books.

［7］Holland, J. (2014) Complexity: A Very Short Introduction. Oxford: Oxford University Press.

［8］Fukuoka, M. (1992) The One Straw Revolution, Goa: Other India Press.

［9］Garmston, R.J. and Wellman, B.M. (2013) *The Adaptive School: A Sourcebook for Developing Collaborative Groups* , Rowman and Little field.

［10］Jackson, T. (2009) *Prosperity Without Growth: Economics for a Finite Planet* ,London: Earthscan.

［11］Lakoff , G. and Johnson, M. (1999), "Philosophy in the Flesh: The Embodied Mind and Its Challenge to Western Thought" , Basic Books.

［12］Laloux, F. (2014) *Reinventing Organizations* , Nelson Parker.

［13］Meadows, D. et al. (1972) *Limits to Growth* , New York: Universe Books.

［14］Meyerson, D. (2001) *Tempered Radicals: How People Use Difference to Inspire Change at Work* , Boston: Harvard Business School Press.

［15］Pallasmaa, J. (2005) The Eyes of the Skin, Chichester: Wiley

［16］Phadke, S., Khan, S., Ranade S. (2011) *Why Loiter? Women and Risk on Mumbai Streets* , London: Penguin.

［17］Picketty, T. (2014) *Capital in the Twenty−First Century* , Cambridge, MA:Harvard University Press.

［18］Surowiecki, J. (2004) *The Wisdom of Crowds* , New York: Anchor Books.

Papers

［1］Lisa Doyle (2009) "'I hate being idle' Wasted skills and enforced dependence among Zimbabwean asylum seekers in the UK", Refugee Council http://www.refugeecouncil.org.uk/assets/0002/8759/i-hate-being-idle.pdf [Accessed 27 April 2016].

［2］Lorenza S. Colzato, Ayca Ozturk, Bernhard Hommel (2012) "Meditate to create:the impact of focused-attention and open-monitoring training on convergent and divergent thinking", *Frontiers in Psychology*, 3(116). http://www.ncbi.nlm.nih.gov/pmc/articles/PMC3328799/pdf/fpsyg-03-00116.pdf.

［3］Russell Eisenman (1987) "Creativity, birth order, and risk taking", *Bulletin of the Psychonomic Society* , 25(2), pp. 87-88. http://link.springer.com/article/10.3758/BF03330292.

［4］Soto, J., Perez, C., Kim, Y. H., Lee, E., Minnick, M. (2011) "Is expressive suppression always associated with poorer psychological functioning? Across- cultural comparison between European Americans and Hong Kong Chinese", *Emotion* , 11(6), pp. 1450-1455. http://www.ncbi.nlm.nih.gov/pubmed/21707152.

［5］Lloyd C. Harris (2002) "The Emotional Labour of Barristers: An Exploration of Emotional Labour By Status Professionals", *Journal of Management Studies* ,Vol. 39, pp. 553-584, 2002. http://papers.ssrn.com/sol3/papers.cfm?abstract_id=313500.

［6］Emily M. Grossnickle (2016) "Disentangling Curiosity: Dimensionality,Defi nitions, and Distinctions from Interest in Educational

Contexts" Educational Psychology Review, Volume 28, Issue 1, pp. 23－60.

［7］Human Spaces (2015) "The Global Impact of Biophilic Design in the Workplace".http://humanspaces.com/global－report/.

［8］Janina Marguc, Jens Föster, and Gerben A. Van Kleef (2011) "Stepping Back to See the Big Picture: When Obstacles Elicit Global Processing", Journal of Personality and Social Psychology, Vol. 101, No. 5, pp. 883－901.

［9］Rob Bailey, Antony Froggatt and Laura Wellesley (2014) "Livestock－Climate Change's Forgotten Sector: Global Public Opinion on Meat and Dairy Consumption", *Chatham House* . https://www. chathamhouse.org/sites/files/chathamhouse/field/field_document/20141203 LivestockClimateChangeBai leyFroggattWellesley.pdf.

［10］Happer, C., Philo, G. (2013) "The Role of the Media in the Construction of Public Belief and Social Change", *Journal of Social and Political Psychology* ,Vol. 1(1). http://jspp.psychopen.eu/article/view/96/37

［11］Mills, M et al. (2015) "Obama cares about visuo－spatial attention: Perception of political figures moves attention and determines gaze direction", Behaviour Brain Research Volume 278, pp. 221－225. http:// www.sciencedirect.com/science/ article/pii/S0166432814006469 [accessed 31 July 2015].

［12］Institute of Policy Studies (2013) "Governance in 2022: Findings of IPS Prism Survey". http://old.cognitive－edge.com/wp－content/uploads/2015/04/IPSPrismSingapore.pdf.

［13］The Tavistock Institute (2013) "Motivation, Resistance &

Change in Organizations & Communities: a working conference based on Tavistock experiential learning methodology, director's report" http:// www.tavinstitute.org/wp-content/uploads/2014/01/Tavistock_Directors-Report-GR Conference-in-Lithuania-2013.pdf.

[14] Amy Edmondson (1999) "Psychological Safety and Learning Behavior in Work Teams", *Administrative Science Quarterly* , 44: pp. 350-383.

[15] Barbara C. Crosby and John M. Bryson (2010) "Integrative leadership and the creation and maintenance of cross-sector collaborations", *Leadership Quarterly* , 21(2), pp. 211-230. https://experts.umn.edu/en/ publications/integrative- leadership-and-the-creation-and-maintenance-of-crosssectorcollaborations(5e6ba087-ab51-422c-b3c5-2bcd071c97ac). html.

[16] John M. Bryson, Barbara C. Crosby & John K. Bryson (2009) Understanding Strategic Planning and the Formulation and Implementation of Strategic Plans as a Way of Knowing: The Contributions of Actor-Network Theory,International Public Management Journal, 12:2, pp. 172-207. http://www.tandfonline.com/doi/pdf/10.1080/10967490902873473.

[17] Tariq, Muhammad Naeem; Ishaque, Muhammad Sohail; Ahmed, Imtiaz; Noor,Farzana; Burfat, Ghulam Muhammad (2012) "Exploring the impact of morning assembly on school improvement: in perspective of headteachers' address", Interdisciplinary Journal of Contemporary Research in Business,4(6), p.780. http://connection.ebscohost.com/ c/articles/85817904/exploring-impact-morning-assembly-school-

improvement—perspectiveheadteachers—address.

[18] Helen Y. Weng; Andrew S. Fox; Alexander J. Shackman; Diane E. Stodola;Jessica Z. K. Caldwell; Matthew C. Olson; Gregory M. Rogers and Richard J. Davidson (2013) "Compassion Training Alters Altruism and Neural Responses to Suffering", *Psychological Science* , 24(7), pp. 1171—1180. http://centerhealthyminds.org/assets/filespublications/WengCompassionAssociation For Psychological Science.pdf.

[19] Robert A. Emmons and Michael E. McCullough (2003) "Counting Blessings Versus Burdens: An Experimental Investigation of Gratitude and Subjective Well—Being in Daily Life", *Journal of Personality and Social Psychology* , 84 (2) pp. 77—389. http://www.breakthroughealing.org/Documents/GratitudeStudy 2003.pdf.

[20] Luke K Ursell,1 Jessica L Metcalf,1 Laura Wegener Parfrey,1 and Rob Knight (2012) "Defining the Human Microbiome", Nutrition Reviews, Oxford University Press. http://www.ncbi.nlm.nih.gov/pmc/articles/PMC3426293/.

Mixed Media

[1] Barber, D. (2010) 'How I fell in love with a fish' [Filmed talk] https://www.ted.com/talks/dan_barber_how_i_fell_in_love_with_a_fish?language=en.

[2] Kelly, D.H. (2016) 'T for Transformation' or 'Worlds of opportunity beyond 'he and she', The Futures Centre [Article] http://thefuturescentre.org/articles/6794/worlds—opportunity—beyond—he—and—

she.

［3］ How does Google's Google Innovation Time Off (20% time) policy work in practice? [Discussion forum] https://www.quora.com/How−does−Google%E2%80%99s−Google−Innovation−Time−Off−20−time−policy− work−in−practice.

［4］ Johnson, S. (2010), 'Where good ideas come from' [Filmed talk] https://www.ted.com/talks/steven_johnson_where_good_ideas_come_from?language=en.

［5］ Parker Jones, C. (2015). 'The legacy organizations that we designed 100 years ago are broken' [Article] https://clayparkerjones.com/the−organization−isbroken−6a5ae1046c3f#.tn7bsg5wt.

［6］ 'Odyssey in Two Biospheres', Biosphere Foundation http://biospherefoundation.org/project/odyssey−of−2−biospheres/.

［7］ 'What is Privilege?' [Film] https://www.youtube.com/watch?v=hD5f8GuNuGQ.

［8］ Robinson, K. (2010) 'Bring on the learning revolution' [Filmed talk] https://www.ted.com/talks/sir_ken_robinson_bring_on_the_revolution?language=en.

［9］ Hill, L. (2014) 'How to manage for collective creativity' [Filmed talk] https://www.ted.com/talks/linda_hill_how_to_manage_for_collective_creativity?language=en.

［10］ Davis, B. "Pasona: Plant Life", *Assemble Papers*, 14 September 2015.

［11］ Godwin Samararatne (1997) "Importance of Awareness",

Triple Gem of the North, 21 October 2015. http://www.triplegem.org/wp/?p=555.

［12］Jeremy Eden and Terri Long "The Obligation to Dissent", *Great Leadership blog* ,10 April 2014. http://www.greatleadershipbydan.com/2014/04/theobligation-to-dissent.html.

［13］Jodi Kantor and David Streitfeld "Inside Amazon: Wrestling Big Ideas in a Bruising Workplace", *New York Times* , 15 August 2015. http://www.nytimes.com/2015/08/16/technology/inside-amazon-wrestling-big-ideas-in-abruising-workplace.html.

［14］Ali Llewellyn "Innovation, Inspiration, and Integrity", *Open NASA blog* , 16 May 2012. https://open.nasa.gov/blog/innovation-inspiration-andintegrity/.

［15］Jos de Blok and Michele Kimball "Buurtzorg Nederland: Nurses Leading the Way!", *The Journal* , 2013. http://journal.aarpinternational.org/a/b/2013/06/Buurtzorg-Nederland-Nurses-Leading-the-Way.

［16］Naz Shah "Exclusive to Urban Echo-Bradford West Labour candidate Naz Shah reveals all", *Urban Echo* , 8 March 2015. http://urban-echo.co.uk/exclusive-bradford-west-labour-candidate-naz-shah-reveals-all/.

［17］E. Glasionov, R. Hage, L. Stevenson and M. Tallman, "Finding a Voice through Social Media: the LGBT Community", The Salzburg Academy on Media & Global Change. http://www.salzburg.umd.edu/unesco/social-media-andlgbt-community.

［18］Janina Conboye "To attract top talent, it pays to have an authentic—and transparent—conversation", *Financial Times*, 9 March 2015. http://www.ft.com/cms/s/0/39d70292—bb54—11e4—b95c—00144feab7de. html#ixzz3zYauA8zn.

[19] Ben Irvine "Transparency tools go directly to workers on their mobiles", *The Futures Centre*, 1 December 2015. http://thefuturescentre. org/signals—ofchange/5053/transparency—tools—go—directly—workers— their—mobiles.

[20] Bart King "Can a carpet factory run like a forest?", *GreenBiz*, 12 June 2015.https://www.greenbiz.com/article/can—carpet—factory—run— forest.

[21] Jo Craven McGinty "How to Calculate the Costs to Society of the VW Scandal" ,*The Wall Street Journal*, 8 January 2016. http://www. wsj.com/articles/how—to—calculate—the—costs—to—society—of—the—vw— scandal—1452269878.

[22] Chuck Salter, "Failure doesn't suck", *Fast Company*, 1 May 2007. http://www.fastcompany.com/59549/failure—doesnt—suck.

[23] Sumantra Ghoshal, *The Smell of the Place*, World Economic Forum [Filmed talk]. https://www.youtube.com/watch?v=UUddgE8rI0E.

[24] BBC Horizons Episode 13: Frontier Farms Innovative techniques used in the farming sector http://www.bbc.com/specialfeatures/ horizonsbusiness/seriesfive/episode—13—frontier—farms/?vid=p036kfcf.

[25] David Bowie speaks to Jeremy Paxman, BBC Newsnight (1999) https://www.youtube.com/watch?v=FiK7s_0tGsg.

[26] Marguerite Mcneal, "Janine Benyus: Inventing The

Eco-Industrial Age", Wired,July 2015. http://www.wired.com/brandlab/2015/07/janine-benyusinventing-eco-industrial-age/.

［27］Anjuly Mathai "The future of the mind", *The Week* , 27 March 2016, pp. 16-29.http://www.theweek.in/health/cover/the-future-of-the-mind.html.

［28］Joe Fassler "What Great Artists Need: Solitude", *The Atlantic*, 4 February 2014.http://www.theatlantic.com/entertainment/archive/2014/02/what-great-artists-need-solitude/283585/.

［29］Martin Fackler, "In Korea, a Boot Camp Cure for Web Obsession", *New York Times*, 18 November 2007.

［30］http://www.nytimes.com/2007/11/18/technology/18rehab.html?pagewanted=all.

［31］Pico Iyer, "The Joy of Quiet", *New York Times*, 29 December 2011 http://www.nytimes.com/2012/01/01/opinion/Sunday/the-joy-of-quiet.html?pagewanted=all&_r=0.

［32］Alice Perepyolkina, "World's largest factory for animal cloning to be built in Tianjin, China", *Futures Centre* , 10 March 2016. http://thefuturescentre.org/signals-of-change/5770/worlds-largest-factory-animal-cloningbe-built-tianjin-china.

［33］Chloe Ryan, "Chinese five-year plan impacts on meat industry", *Global Meat News*, 9 November 2015 http://www.globalmeatnews.com/Industry-Markets/Chinese-five-year-plan-impacts-on-meat-industry.

［34］Anna Simpson, 'Rewilding the workplace Ⅱ: What can

workplace design learn from nature?', Medium, 9 March 2016 https://medium.com/@FuturesCentre/what-can-workplace-design-learn-from-nature-5e514049dfe2#.2r2xu5l37.

[35] Laber-Warren, E 'Unconscious Reactions Separate Liberals and Conservatives' *Scientific American* (Aug 2, 2012) http://www.scientificamerican.com/article/calling-truce-political-wars/[accessed 31 July 2015].

[36] Marguerite Mcneal, "Janine Benyus: Inventing The Eco-Industrial Age", Wired,July 2015. http://www.wired.com/brandlab/2015/07/janine-benyus-inventing-eco-industrial-age/.

[37] "Under New Management: Can we re-engineer the climate?", *Green Futures Special Edition*, March 2011. https://www.forumforthefuture.org/sites/default/files/images/GreenFutures/Under_new_management/UNM%20 low%20res.pdf.

[38] David Keith "Patient Geoengineering", The Long Now Foundation, 17 February 2015. http://longnow.org/seminars/02015/feb/17/patient-geoengineering/.

[39] Julia Rozovsky "The five keys to a successful Google team", Google re:Work's 'The Water Cooler' blog, 17 November 2015. https://rework.withgoogle.com/blog/five-keys-to-a-successful-google-team/.

[40] Charles Duhigg "What Google Learned From Its Quest to Build the Perfect Team", *The New York Times*, 25 Feburary 2016. http://www.nytimes.com/2016/02/28/magazine/what-google-learned-from-its-quest-to-buildthe-perfect-team.html.

［41］Building a psychologically safe workplace: Amy Edmondson at TEDxHGSE",[Filmed talk] 4 May 2014. https://www.youtube.com/watch?v=LhoLuui9gX8.

［42］Jeremy Mathieu "Kung Fu and the art of living in systems", *Green Futures*, 3 June 2014. https://www.forumforthefuture.org/greenfutures/articles/kungfu−and−art−living−systems#.dpuf.

［43］Erika Rosenberg "Putting Compassion to Work: Google, Gratitude and Getting Canned", *The Huffington Post*, 13 September 2012. http://www.huffingtonpost.com/entry/compassion−workplace_b_1670804.html?section=india.

［44］Clifton B Parker "Stanford spotlights compassion, innovation at technology conference", *Stanford Report*, 10 December 2013. http://news.stanford.edu/news/2013/december/compassion−tech−confab−121013.html.

［45］Mitch Ditkoff "The Kindness−At−Work Manifesto", Idea Champions 'The heart of Innovation' blog, 12 April 2016. http://www.ideachampions.com/weblogs/archives/2012/05/it_has_come_to.shtml.

［46］Kasley Killam "How to Find Meaning in Suffering", *Scientific American*, 15 December 2015. http://www.scientificamerican.com/article/how−to−findmeaning−in−suffering/.

［47］Robert Emmons "Why Gratitude Is Good", *Greater Good*, 16 November 2010.http://greatergood.berkeley.edu/article/item/why_gratitude_is_good.

［48］Studio Ghibli (2013), The Wind Rises [Film].

［49］The Cynefin Framework, Dave Snowden [Filmed talk], 11 July

2010. https://www.youtube.com/watch?v=N7oz366X0−8.

［50］Andrei Tarkovsky, *Offret* , 1986. https://artandsacred.wordpress. com/2012/01/17/tarkovsky−on−ritual−2/.

［51］Boho Interactive, Best Festival Ever http://www.bohointeractive. com/productions/best−festival−ever−how−to−manage−a−disaster/.

Tools

［1］Strengths−based cards from St Luke＇s Innovative Resources http://innovativeresources.org/resources/card−sets/strength−cards/.

［2］‘Name the frame＇ from The Resilience Centre http://www. theresiliencecentre.com.au/details.php?p_id=66.

［3］Sensemaker http://cognitive−edge.com/sensemaker/.

［4］CultureScan http://cognitive−edge.com/scans/culturescan/.